KB010237

천자문
쓰기 교본

천자문 쓰기 교본

개정판 1쇄 발행 | 2023년 04월 30일
개정판 4쇄 발행 | 2025년 02월 10일

엮은이 | 편집부

발행인 | 김선희 · 대 표 | 김종대
펴낸곳 | 도서출판 매월당
책임편집 | 박옥훈 · 디자인 | 윤정선 · 마케터 | 양진철 · 김용준

등록번호 | 388-2006-000018호
등록일 | 2005년 4월 7일
주소 | 경기도 부천시 소사구 중동로 71번길 39, 109동 1601호
　　　(송내동, 뉴서울아파트)
전화 | 032-666-1130 · 팩스 | 032-215-1130

ISBN 979-11-7029-231-9 (13710)

· 잘못된 책은 바꿔드립니다.
· 책값은 뒤표지에 있습니다.

이 도서의 국립중앙도서관 출판시도서목록(CIP)은 서지정보유통지원시스템 홈페이지
(http://seoji.nl.go.kr)와 국가자료공동목록시스템(http://www.nl.go.kr/kolisnet)에서
이용하실 수 있습니다.(CIP제어번호 : CIP2014013014)

천자문 바로 알고 쓰기
바른 글씨 연습

천자문 쓰기 교본

악필 교정

편집부 엮음

매월당
MAEWOLDANG

옛날에는 천자문이 한문을 처음 배우는 아이들을 위한 입문서였다. 그러나 오늘날에는 남녀노소 구분하지 않고 한문을 배우고자 하는 사람들의 텍스트로 많이 이용되고 있다. 천자문은 중국 남조 양무제梁武帝 때 만들어진 것으로, 위로는 제왕가로부터 아래로는 민간에 이르기까지 가장 선호하는 한문 입문서로 알려져 있다. 그 까닭은 문체가 우아하고 화려할 뿐만 아니라 내용 또한 단순한 한자 학습서를 넘어서 우주와 자연의 섭리, 역사와 인간의 도리와 처세의 교훈 등이 함축되어 있기 때문이다.

이 책은 양무제가 자신의 여러 왕자에게 글과 서예를 가르치려고 은철석殷鐵石에게 명하여 왕희지의 글씨 중에서 중복되지 아니한 글자 1천 자를 탁본하여 조각 종이 하나에 글자 하나씩 넣게 하고는 차례 없이 뒤섞여 있는 것을 주흥사周興嗣를 불러 말하길 "경卿이 재주가 있으니, 나를 위하여 글을 지어주오."라고 하자 주흥사가 하루 저녁 만에 편집하여 올렸는데, 이때에 주흥사는 너무 신경을 써서 하룻밤 사이에 자신의 머리털이 다 희어졌다고 한다. 그래서 일명 '백수문白首文'이라고도 일컫는다.

천자문은 1천 자인데, 매 4자를 1구一句로 모두 250구句, 2구二句를 1련一聯으로 전체가 125련聯으로 된 일종의 고체시古體詩이다.

앞에서도 언급했듯이 천자문은 그 문체가 쉽고 아름다우며 내용 또한 정교할 뿐만 아니라 양나라 황실에서 제작하여 왕자들의 교육에 사용한다는 명성 때문에 널리 애용하게 되었다. 천자문이 후세에 전래되는 과정에서 수당隋唐 시기에 활동한 지영智永 선사의 공을 언급하지 않을 수 없다. 지영 선사는 왕희지의 7세손으로 그는 30년 동안에 천자문 800본을 모사하여 절강성 동쪽의 각 사찰에 기증하였다. 때문에 왕희지 필법의 특징과 더불어 《천자문》을 널리 전파하는데 큰 역할을 했다. 지영선사 이후에 역대 저명 서예가나 인사들이 천자문을 필사하여 서예 작품으로 남겼는데, 즉 회소懷素, 송휘종宋徽宗, 조맹부趙孟頫, 문정명文徵明 등등이다. 그들의 작품은 서체나 품격 면에서 각기 독특한 면모를 지니고, 이 작품들을 통해 천자문은 민간에까지 널리 전파되었다.

우리나라에 천자문이 전래된 시기는 분명하지 않다. 단지 백제의 왕인 박사가 논어와 더불어 천자문 등을 일본에 전파시켰다는 기록을 살펴볼 때에 이미 삼국 시대에 우리나라로 유입된 것으로 추정할 수 있다. 그러나 시기적으로 왕인 박사가 주흥사보다 앞선 인물이므로 이 천자문은 다른 판본일 가능성이 높다. 우리나라에서 가장 널리 알려진 천자문은 조선 선조 때 명필가로 이름을 날렸던 석봉 한호의 천자문이다.

중국과 마찬가지로 우리나라에서도 천자문은 한문 입문서로 가장 많이 애용했다. 왕실이나 명문 대갓집의 자제뿐만 아니라 가난한 선비나 서민의 자제들도 여력이 생기면 가장 먼저 이 천자문부터 가르쳤다. 특히 우리 선조들의 자녀 교육에 대한 열정과 정성은 대단하여 자녀가 성장하기 전부터 덕망 있고 유식한 인사를 일일이 찾아다니면서 천자문의 한 자씩을 쓰게 하여 천 사람에게 천 자를 받아서 사랑하는 자손에게 물려주기도 했다. 이 같은 선조의 정성과 사랑 때문에 오늘날까지 천자문의 첫 구절인 '하늘 천', '따지' 의 메아리가 우리들의 귓가에 울려 퍼지는 것 같고 입가에서 맴도는 것이 아닐까!

끝으로 이 책을 꾸준히 배우고 익혀서 우리의 일상생활에 활용한다면 우리의 삶은 더욱 풍요롭고 귀해질 것이니, 누구나 할 것 없이 열심히 학습할 것을 부탁한다.

차 례

한자의 육서

육서六書란 한자를 만든 원리를 말하는데, 한자漢字의 기원이 상형문자象形文字라는 것은 널리 알려진 사실이다.

아주 오랜 고대에 인류는 단순한 언어만으로는 의사소통 및 문화 전수에 한계를 느끼게 되었고, 그런 절실한 필요에 의해 문자를 만들어 쓰기 시작하였다. 그런데 그때의 문자는 눈에 보이는 사물의 모양을 본떠서 만든 상형문자가 전부였던 것이다.

예를 들면 '해'를 표현할 때는 해의 그림을 그려서 표현하였는데, 그런 그림이 점점 변하여 문자가 된 것이다.

그런데 인지人智가 발달하고 사회가 복잡해지면서 점차로 여러 가지 개념들을 표현할 필요가 생기게 되었고, 그에 따라 기존의 한자보다 훨씬 많은 수의 글자가 필요하게 되었다. 때문에 몇 가지 일정한 원리에 따라 한자를 만들어 쓰게 되었는데, 《설문해자說文解字》의 저자인 허신許慎은 한자가 만들어진 원리를 '한자 구성 요소의 결합에 따라 여섯 가지 종류'로 나누었다. 이를 '육서六書'라고 한다. 즉 다시 말하면, 육서란 '한자를 만든 여섯 가지 원리'이다.

상형문자象形文字

사물의 모양을 그대로 본떠서 그려낸 가장 기초적인 글자를 상형문자라고 한다. 그리고 상형문자에 속하는 상당수의 글자들이 한자의 부수部首 역할을 한다.

예 山, 川, 水, 日, 月, 木, 人, 手, 心, 耳, 目, 口, 自, 足. 米, 門, 車

지사문자指事文字

　상징적인 부호를 사용해서 구체적 사물의 모양으로 표현이 안 되는 추상적인 개념들을 표시한 문자를 지사문자라고 한다. 지사문자의 특징은 먼저 추상적인 의미를 표현하는데, 굽고 곧은 선이나 점 등으로 표시하고, 상형문자와 함께 글자의 모양을 더 이상 쪼갤 수 없는 것이 특징이다.

　예 一, 二, 三, 五, 七, 十, 上, 中, 下, 本, 末, 刃, 引

회의문자會意文字

　이미 만들어진 둘 이상의 한자를, 뜻에 따라 합하여 하나의 문자로 만들어 다른 뜻을 나타내는 것을 회의문자라 한다.

　예 木＋木＝林('나무' 들이 합쳐져 '수풀' 을 이룸), 森(나무 빽빽할 삼)
　　 日＋月＝明('해' 와 '달' 이 합쳐져 '밝다' 는 뜻이 됨)
　　 田＋力＝男('밭 전' 자와 '힘 력' 자가 합쳐져 '사내, 남자' 의 뜻이 됨), 休(쉴 휴),
　　　　　　　臭(냄새 취), 突(갑자기 돌), 取(가질 취) 등.

형성문자形聲文字

　한쪽이 음을 나타내고 다른 한쪽이 뜻을 나타내는 것을 형성문자라 하는데, 한자 중에서 형성문자가 가장 많다.

　예 問＝門(음)＋口(뜻), 聞＝門(음)＋耳(뜻)
　　 梅＝木(뜻)＋每(음), 海＝水(뜻)＋每(음)
　　 淸＝水(뜻)＋靑(음), 請(청할 청), 晴(갤 청), 鯖(청어 청), 菁(부추꽃 청)
　　 花＝艸(뜻)＋化(음)
　　 勉＝免(음)＋力(뜻)

전주문자轉注文字

'전주'라는 단어에서 보듯이, 전轉(구를 전)이란 수레바퀴가 구르는 것처럼 뜻이 굴러서 다른 뜻으로 변하는 것이고, 주注(물댈 주)란 그릇에 물이 넘쳐흐르듯 다른 뜻으로 옮겨 흐른다는 것을 말한다. 즉 기존 글자의 원뜻이 유추, 확대, 변화되어 새로운 뜻으로 바뀌는 것을 말하는데, 뜻뿐만 아니라 음도 바뀌는 경우가 있다.

뜻만 바뀌는 경우

注[물댈 주] : 주注는 물을 댄다는 뜻이 본뜻이었는데, 그 의미가 확대되어 주목한다는 뜻으로 전의되어 주목注目, 주시注視와 같이 쓰인다. 거기에 또다시 전의되어 주해注解, 주석注釋과 같이 자세히 푼다는 뜻으로 쓰인다.

天[하늘 천] : 천天은 본시 하늘이라는 뜻이었는데 전의되어 자연이라는 뜻으로 쓰인다. 천연天然의 天이 그 예이다. 그런데 이 문자는 또다시 출생出生, 발생發生의 뜻으로 유추되어 쓰이는데 선천先天, 후천後天이 그 예이다.

뜻과 음이 함께 바뀌는 경우

說[말씀 설] : 설說의 본뜻은 말씀이다. 말씀으로써 다른 사람을 달래기 때문에 달랜다는 뜻으로 쓰인다. 이때의 음은 '세'인데 유세遊說가 그 예이다.

樂[풍류 악] : 악樂의 본뜻이 '풍류'로 음은 '악'이다. 음악을 듣는 것은 즐거운 일이기 때문에 즐긴다는 뜻으로도 쓰이는데, 이때의 음은 '락'이다. 또한 즐거운 것은 누구나 좋아하기 때문에 좋아한다는 뜻으로도 쓰인다. 이때의 이름은 '요'이다.

惡[악할 악] : 악惡은 본시 악하다는 뜻으로 음이 '악'이었는데 악한 것은 모두 미워하는 것이기 때문에 미워한다는 뜻으로 쓰이기도 한다. 이때의 음은 '오'이다. 증오憎惡, 오한惡寒이 그 예이다.

가차문자假借文字

가차는 '가짜로 빌려 쓰다.' 라는 뜻 그대로, 기본적으로 발음이 같은 개념을 빌려 쓰거나, 글자 모양을 빌리는 등 외국어의 표기에 사용하고, 의성어나 의태어와 같은 부사어적 표현에도 쓰인다. 즉, 뜻글자[表意文字]로서 발생하는 한계를 극복해 준 개념으로서, 이로 인해 외국과의 문자적 소통이 가능하게 되었는데, 현재 우리의 생활 속에서 사용되는 많은 외래어가 이 가차의 개념을 도입하여 표기하고 있다. 전주와 가차의 활용은 한자의 발전 과정 속에서 매우 큰 역할을 하였는데, 이 원리의 발견으로 인해 한자가 동양에서 가장 확실한 문자文字로서 발전할 수 있었다고 할 수 있을 것이다.

예 달러DOLLAR → 불弗

아시아ASIA → 아세아亞細亞

인디아INDIA → 인도印度

프랑스FRANCE → 법랑서法朗西 → 법국法國 → 불란서佛蘭西

도이칠랜드DOUTCHILAND → 덕국德國 → 독일獨逸

잉글랜드ENGLAND → 영격란국英格蘭國 → 영길리英吉利 → 영국英國

필순의 일반적인 원칙

한자의 필순

한자漢子를 쓸 때의 바른 순서를 필순이라 한다. 한자를 바른 순서에 따라 쓰면 가장 쉬울 뿐만 아니라, 쓴 글자의 모양도 아름답다.

필순의 기본적인 원칙

1. 위에서 아래로 쓴다.

言 (말씀 언) : 言 言 言 言 言 言 言

三 (석 삼) : 三 三 三

客 (손 객) : 客 客 客 客 客 客 客

2. 왼쪽에서 오른쪽으로 쓴다.

川 (내 천) : 川 川 川

仁 (어질 인) : 仁 仁 仁 仁

外 (바깥 외) : 外 外 外 外 外

필순의 여러 가지

1. 가로획과 세로획이 겹칠 때는 가로획을 먼저 쓴다.

　木 (나무 목) : 木 十 才 木

　土 (흙 토) : 土 十 土

　共 (함께 공) : 共 共 共 共 共 共

　末 (끝 말) : 末 末 末 末 末

2. 가로획과 세로획이 겹칠 때 다음의 경우에 한하여 세로획을 먼저 쓴다.

　田 (밭 전) : 田 口 田 田 田

3. 한가운데 부분은 먼저 쓴다.

　小 (작을 소) : 小 小 小

　山 (뫼 산) : 山 山 山

　水 (물 수) : 水 水 水 水

　＊예외인 경우 : 火 (불 화) : 火 火 火 火

4. 몸은 먼저 쓴다.

　안을 에워싸고 있는 바깥 둘레를 '몸' 이라고 하는데, 몸은 안보다 먼저 쓴다.

　回 (돌아올 회) : 回 口 日 回 回 回

　固 (굳을 고) : 固 固 日 四 固 固 固

5. 삐침은 파임보다 먼저 쓴다.

　人 (사람 인) : 人 人

　文 (글월 문) : 文 文 文 文

　父 (아비 부) : 父 父 父 父

6. 글자 전체를 꿰뚫는 획은 나중에 쓴다.

中 (가운데 중) : 

事 (일 사) : 

女 (계집 녀) : 

母 (어미 모) : 

*예외인 경우 : 世 (세상 세) : 

특히 주의해야 할 필순

1. 삐침은 짧고 가로획은 길게 써야 할 글자는 삐침을 먼저 쓴다.

右 (오른 우) : 

有 (있을 유) : 

2. 삐침은 길고 가로획은 짧게 써야 할 글자는 가로획을 먼저 쓴다.

左 (왼 좌) : 

友 (벗 우) : 

3. 받침을 먼저 쓰는 경우.

起 (일어날 기) : 

勉 (힘쓸 면) : 

4. 받침을 나중에 쓰는 경우.

遠 (멀 원) : 

近 (가까울 근) : 

建 (세울 건) : 

5. 오른쪽 위의 점은 나중에 찍는다.

犬 (개 견) : 

伐 (칠 벌) : 

成 (이룰 성) : 

한자 해서의 기본 점과 획

	꼭지점				字	﹨	치킴			凍
﹨	왼점				小	㇏	파임			八
﹨	오른점				六	㇋	받침			進
﹨	치킨점				心	｜	지게다리			式
一	가로긋기				王	㇉	굽은갈고리			手
｜	내리긋기				川	㇏	새가슴			兄
㇚	왼갈고리				水	㇄	누운지게다리			心
㇗	오른갈고리				民	乙	새			乙
㇈	평갈고리				足	㇉	봉날개			風
㇆	오른꺾음				日	㇟	좌우꺾음			弓
㇄	왼꺾음				亡					
㇆	꺾음갈고리				力					
㇉	꺾어삐침				又					
ノ	삐침				九					

영자 팔법

永

① 점
② 가로획
⑤ 치킴
⑥ 삐침
④ 갈고리
③ 세로획
⑦ 짧은삐침
⑧ 파임

영자 팔법永字八法 : '永' 자 한 자를 쓰는데, 모든 한자에 공통하는 여덟 가지 운필법運筆法이 들어 있음을 말한다.

天	地	玄	黃
하늘 **천**	땅 **지**	검을 **현**	누를 **황**
天天天天	地地地地地地	玄玄玄玄玄	黃黃黃黃黃黃黃
天　天	地　地	玄　玄	黃　黃

하늘은 아득히 멀어 그 빛이 검게 보이고 땅은 넓어 그 빛이 누렇다.

天
地
玄
黃

宇	宙	洪	荒
집 **우**	집 **주**	넓을 **홍**	거칠 **황**
宇宇宇宇宇宇	宙宙宙宙宙宙宙	洪洪洪洪洪洪洪	荒荒荒荒荒荒荒
宇　宇	宙　宙	洪　洪	荒　荒

하늘과 땅 사이는 한없이 넓고 커서 끝이 없다.

宇
宙
洪
荒

日	月	盈	昃
날 일	달 월	찰 영	기울 측
日 冂 日 日	丿 刀 月 月	𥁃 𥁄 𥁅 𥁆 𥁇 盈 盈	𣅀 𣅁 𣅂 𣅃 昃 昃 昃

해는 서쪽으로 기울고 달은 한 달에 한 번 차고 기울어진다.

日
月
盈
昃

辰	宿	列	張
별 진	별 수	벌릴 렬	베풀 장
辰 辰 辰 辰 辰 辰 辰	宿 宿 宿 宿 宿 宿 宿	列 列 列 列 列 列	張 張 張 張 張 張 張

별들도 제자리가 있어서 하늘에 넓게 퍼져 있다.

辰
宿
列
張

寒	來	暑	往
찰 한	올 래	더울 서	갈 왕
寒寒寒寒寒寒寒	來來來來來來來	暑暑暑暑暑暑暑	往往往往往往往
寒　寒	來　來	暑　暑	往　往

추위가 오면 더위가 물러간다는 말로, 계절의 바뀜을 뜻한다.

寒
來
暑
往

秋	收	冬	藏
가을 추	거둘 수	겨울 동	감출 장
秋千利禾秋秋秋	收收收收收收	冬夂冬冬冬	藏菥菥菥藏藏藏
秋　秋	收　收	冬　冬	藏　藏

가을에는 곡식을 거두어들이며 겨울이 오면 소중히 갈무리한다.

秋
收
冬
藏

閏	餘	成	歲
윤달 윤	남을 여	이룰 성	해 세
�亅ㄇ門門門閏閏	亽今今舍針餘餘	丿厂厂厈成成成	屵屵屵屵歲歲歲

윤달은 남은 시간을 모아 해(윤년)를 이룬다.

律	呂	調	陽
법률 률	음률 려	고를 조	볕 양
彳彳彳彳律律律	口口口呂呂呂呂	調訂訂訂調調調	阝阝阝阝陽陽陽

법률과 음률로 천지간의 음양을 고르게 한다.

雲	騰	致	雨
구름 운	오를 등	이를 치	비 우
雲雲雲雲雲雲雲	騰騰騰騰騰騰騰	致致致致致致致	雨雨雨雨雨雨雨

수증기가 증발하여 구름이 되고 찬 기운을 만나면 비를 내리게 한다.

雲
騰
致
雨

露	結	爲	霜
이슬 로	맺을 결	할 위	서리 상
露露露露露露露	結結結結結結結	爲爲爲爲爲爲爲	霜霜霜霜霜霜霜

이슬이 맺혀 찬 기운에 닿으면 서리가 된다.

露
結
爲
霜

金	生	麗	水
쇠 금	낳을 생	고울 려	물 수
金金金金金金金金	生生生生生	麗麗麗麗麗麗麗	水水水水

금은 여수에서
나온다.

金
生
麗
水

玉	出	崑	岡
구슬 옥	날 출	메 곤	메 강
玉玉玉玉玉	出出出出出	崑崑崑崑崑崑崑	冂冈冈冈冈岡岡

옥은 곤륜산에
서 나온다.

玉
出
崑
岡

劍	號	巨	闕
칼 검	이름 호	클 거	대궐 궐
스 스 命 命 劍 劍 劍	號 號 號 號 號 號 號	巨 巨 巨 巨 巨	闕 門 門 闕 闕 闕 闕

칼은 구야자가 만든 거궐 보검을 제일로 삼는다.

劍
號
巨
闕

珠	稱	夜	光
구슬 주	일컬을 칭	밤 야	빛 광
珠 珠 珠 珠 珠 珠 珠	稱 稱 稱 稱 稱 稱 稱	夜 夜 夜 夜 夜 夜 夜	光 光 光 光 光 光 光

구슬은 중국 조나라의 야광을 보물로 삼는다.

珠
稱
夜
光

果	珍	李	柰
과실 **과**	보배 **진**	오얏 **리**	벗 **내**

과일은 오얏과 벗을 보배로 여긴다.

菜	重	芥	薑
나물 **채**	무거울 **중**	겨자 **개**	생강 **강**

채소는 겨자와 생강을 중히 여긴다.

海	鹹	河	淡
바다 해	짤 함	물 하	맑을 담
海海汯海海海海	鹵鹹鹹鹹鹹鹹鹹	河河河河河河河	淡淡淡淡淡淡淡

바닷물은 짜고 민물은 담백하고 맑다.

海
鹹
河
淡

鱗	潛	羽	翔
비늘 린	잠길 잠	깃 우	날개 상
鱗魚魚鱗鱗鱗鱗	潛潛潛潛潛潛潛	羽羽羽羽羽羽羽	翔羊羊翔翔翔翔

비늘 있는 고기는 물 속에 잠겨 있고 깃 있는 새는 공중을 난다.

鱗
潛
羽
翔

龍	師	火	帝
용 룡	스승 사	불 화	임금 제
龍龍龍龍龍龍龍	師師師師師師師	火火火火	帝帝帝帝帝帝帝
龍 龍	師 師	火 火	帝 帝

복희씨는 용으로써, 신농씨는 불로써 벼슬 이름을 기록하였다.

龍
師
火
帝

鳥	官	人	皇
새 조	벼슬 관	사람 인	임금 황
鳥鳥鳥鳥鳥鳥鳥	官官官官官官官	人人	皇皇皇皇皇皇皇
鳥 鳥	官 官	人 人	皇 皇

벼슬 이름을 새로써 기록하고 인문을 크게 밝힌 황제가 있다.

鳥
官
人
皇

始	制	文	字
처음 시	지을 제	글월 문	글자 자
始 始 女 始 始 始	制 制 制 告 告 制 制	文 文 文 文	字 字 字 字 字 字
始 始	制 制	文 文	字 字

복희씨 때 창
힐은 새의 발
자국을 보고
문자를 처음
만들었다.

始
制
文
字

乃	服	衣	裳
이에 내	옷 복	옷 의	치마 상
乃 乃	服 服 服 服 服 服 服	衣 衣 衣 衣 衣 衣	裳 裳 裳 裳 裳 裳 裳
乃 乃	服 服	衣 衣	裳 裳

황제 때 호조
로 하여금 처
음으로 옷을
지어 입도록
하였다.

乃
服
衣
裳

推	位	讓	國
밀 추	자리 위	사양할 양	나라 국
千手扌扌扩推推	亻亻仁仃付位位	讓讓讓讓讓讓讓	冂同同同國國國國

인재를 발굴하여 천자의 자리와 나라를 물려주었다.

有	虞	陶	唐
있을 유	나라이름 우	질그릇 도	당나라 당
丿ナ才有有有	虍虍虍虞虞虞虞	阝阝阽阽陶陶陶	广广庐庐唐唐

이들은 유우(순임금)씨와 도당(요임금)씨이다.

弔	民	伐	罪
슬퍼할 **조**	백성 **민**	칠 **벌**	허물 **죄**
弔弔弔弔	民民民民民	伐伐仁代伐伐	罪罪罪罪罪罪罪

불쌍한 백성을 구출하여 위문하고 죄를 지은 임금을 벌하였다.

弔民伐罪

周	發	殷	湯
나라 **주**	필 **발**	나라이름 **은**	끓을 **탕**
刀月月冃用周周	發發發發發發發	殷殷殷殷殷殷	湯湯湯湯湯湯湯

포악한 임금인 은나라 주왕을 주나라 발왕이, 하나라 걸왕을 은나라 탕왕이 각각 물리쳤다.

周發殷湯

坐	朝	問	道
앉을 **좌**	아침 **조**	물을 **문**	길 **도**
坐 坐 坐 坐 坐 坐 坐	朝 朝 朝 朝 朝 朝 朝	門 門 門 門 門 門 問	道 道 道 首 首 道 道
坐 坐	朝 朝	問 問	道 道

왕위에 오른 어진 임금은 백성을 다스리는 올바른 길을 신하에게 묻는다.

坐
朝
問
道

垂	拱	平	章
드리울 **수**	팔짱낄 **공**	평평할 **평**	글월 **장**
垂 垂 垂 垂 垂 垂 垂	拱 拱 拱 拱 拱 拱	平 平 平 平 平	章 章 章 音 音 章 章
垂 垂	拱 拱	平 平	章 章

임금이 바른 정치를 펴서 나라가 평온해지면 백성은 비단옷을 입고 팔짱을 끼고 다닌다.

垂
拱
平
章

029

愛	育	黎	首
사랑 애	기를 육	검을 려	머리 수
愛愛愛愛愛愛愛	育育育育育育育	黎黎黎黎黎黎黎	首首首首首首首首
愛 愛	育 育	黎 黎	首 首

임금은 마땅히 백성을 사랑으로 다스리고 보살펴야 한다.

愛
育
黎
首

臣	伏	戎	羌
신하 신	엎드릴 복	오랑캐 융	오랑캐 강
臣臣臣臣臣臣	伏伏伏伏伏伏	戎戎戎戎戎戎	羌羌羌羌羌羌羌
臣 臣	伏 伏	戎 戎	羌 羌

임금이 백성을 잘 다스리니 오랑캐들도 감화되어 신하로 복종한다.

臣
伏
戎
羌

遐	邇	壹	體
멀 하	가까울 이	한 일	몸 체
丨 尸 尸 叚 叚 叚 叚 遐	介 介 爾 爾 爾 邇 邇	一 士 吉 吉 吉 吉 壹 壹	唱 唱 骨 骨 骨 體 體 體
遐 遐	邇 邇	壹 壹	體 體

어진 임금 아래에는 멀고 가까운 나라가 하나가 된다.

遐
邇
壹
體

率	賓	歸	王
거느릴 솔	손 빈	돌아갈 귀	임금 왕
玄 玄 玄 玄 率 率 率	賓 賓 賓 宀 宋 賓 賓	白 自 自 師 歸 歸	工 三 千 王
率 率	賓 賓	歸 歸	王 王

온 나라가 따르고 복종하여 어진 임금에게 돌아온다.

率
賓
歸
王

鳴	鳳	在	樹
울 명	봉황새 봉	있을 재	나무 수
鳴鳴鳴鳴鳴鳴鳴	凡凡凤凤凰鳳鳳	在在在在在在	桝桝樹樹槯樹樹

훌륭한 임금과 성현이 나타나면 길조인 봉황은 나무 위에서 운다.

鳴
鳳
在
樹

白	駒	食	場
흰 백	망아지 구	밥 식	마당 장
白白白白白	駒駒駒駒駒駒駒	食食食食食食食	場場場場場場場

임금의 덕은 짐승에게까지 미쳐 흰 망아지도 마당에서 풀을 뜯는다.

白
駒
食
場

化	被	草	木
될 **화**	입을 **피**	풀 **초**	나무 **목**
化化化化	被被被被被被	草草草草草草草	木十木木

어진 임금의 교화敎化가 풀과 나무에까지 미친다.

賴	及	萬	方
힘입을 **뢰**	미칠 **급**	일만 **만**	모 **방**
賴賴賴賴賴賴賴	及及及及	萬萬萬萬萬萬萬	方方方方

임금의 어진 덕이 만방에 고르게 미친다.

蓋	此	身	髮
덮을 개	이 차	몸 신	터럭 발
蓋蓋蓋蓋蓋蓋蓋	此此此此此此	身身身身身身	髮髮髮髮髮髮髮
蓋　蓋	此　此	身　身	髮　髮

사람의 몸과 털 하나까지도 부모로부터 받은 소중한 것이다.

蓋
此
身
髮

四	大	五	常
넉 사	큰 대	다섯 오	떳떳할 상
四四四四四	大大大	五五五五	常常常常常常常
四　四	大　大	五　五	常　常

네 가지 큰 것과 다섯 가지 떳떳함이 있다.

四
大
五
常

恭	惟	鞠	養
공손할 공	오직 유	기를 국	기를 양
恭恭艹共恭恭恭	惟惟惟惟惟惟惟	鞠鞠革靮靮鞠鞠	養養美关养養養

부모가 낳아서 길러주신 은혜를 공손한 마음으로 감사하게 생각한다.

| 恭 | 惟 | 鞠 | 養 |

豈	敢	毁	傷
어찌 기	감히 감	헐 훼	상할 상
豈豈豈豈豈豈豈	敢敢敢敢敢敢敢	毁毁毁毁毁毁毁	傷傷傷傷傷傷傷

부모로부터 받은 이 몸을 어찌 감히 더럽히거나 상하게 할 수 있겠는가.

| 豈 | 敢 | 毁 | 傷 |

女 慕 貞 烈

계집 녀	사모할 모	곧을 정	매울 렬
乀女女	慕慕慕莫莫慕慕	貞貞貞貞貞貞貞	烈烈烈烈烈烈烈

여자는 정조를 지키고 행실을 단정히 할 것을 생각해야 한다.

男 效 才 良

사내 남	본받을 효	재주 재	어질 량
男男男男男男男	效效效效效效效	才才才	良良良良良良良

남자는 재주와 어진 것을 본받아 훌륭한 사람이 되어야 한다.

知	過	必	改
알 지	허물 과	반드시 필	고칠 개
知 ᄂ 知 矢 知 知 知	過 過 周 丹 過 過 過	必 必 必 必 必	改 改 攺 改 改 改 改
知 知	過 過	必 必	改 改

사람은 누구나 허물이 있으니 허물을 알면 반드시 고쳐야 한다.

知
過
必
改

得	能	莫	忘
얻을 득	능할 능	말 막	잊을 망
得 得 得 得 得 得 得	能 能 能 能 能 能 能	莫 莫 莫 莫 莫 莫 莫	忘 忘 忘 忘 忘 忘 忘
得 得	能 能	莫 莫	忘 忘

사람으로서 알아야 할 것을 배운 후에는 결코 잊지 않도록 한다.

得
能
莫
忘

罔	談	彼	短
없을 망	말씀 담	저 피	짧을 단
罔罔罔罔罔罔罔	談談談談談談談	彼彼彼彼彼彼彼	短短短短短短短

다른 사람의 단점을 알았더라도 말하지 말라.

靡	恃	己	長
아닐 미	믿을 시	몸 기	좋을 장
靡靡靡靡靡靡靡	恃恃恃恃恃恃恃	己己己	長長長長長長長

자기의 장점을 믿고 자랑하지도 말고 교만하지도 말라.

信	使	可	覆
믿을 신	하여금 사	옳을 가	실천할 복
信信信信信信	使使使使使使使	可可可可可	覆覆覆覆覆覆覆

믿음이 진리인
줄 알면 마땅
히 되풀이하여
실천해라.

器	欲	難	量
그릇 기	하고자할 욕	어려울 난	헤아릴 량
器器器器器器	欲欲欲欲欲欲欲	難難難難難難難	量量量量量量量

사람의 도량은
깊고도 깊어 헤
아리기 어렵다.

墨 悲 絲 染

먹 묵	슬플 비	실 사	물들일 염

墨墨墨墨墨墨墨 | 悲悲悲悲悲悲悲 | 絲絲絲絲絲絲絲 | 染染染染染染染

墨 묵자는 흰 실이
검게 물드는 것
을 보고 슬퍼하
였다.

詩 讚 羔 羊

글 시	기릴 찬	염소 고	양 양

詩詩詩詩詩詩詩 | 讚讚讚讚讚讚讚 | 羔羔羔羔羔羔羔 | 羊羊羊羊羊羊羊

《시경》 고양편
에서 주문왕의
덕이 소남국까
지 미쳤던 것을
칭찬했다.

景	行	維	賢
볕 경	행할 행	벼리 유	어질 현
景景景景景景景	行行行行行行	維維維維維維維	賢賢賢賢賢賢賢

사람으로서 항상 행실을 바르고 당당하게 행하면 어진 사람이 된다.

克	念	作	聖
이길 극	생각할 념	지을 작	성인 성
克克克克克克克	念念念念念念念	作作作作作作作	聖聖聖聖聖聖聖

힘써 생각하고 수양을 쌓으면 성인이 된다.

德	建	名	立
큰 덕	세울 건	이름 명	설 립
德德德德德德德	建建建建建建建	名夕夕名名名	立立立立立
德 德	建 建	名 名	立 立

항상 덕으로써 행하면 그 덕 행이 쌓여 이 름 또한 바로 서게 된다.

德
建
名
立

形	端	表	正
형상 형	바를 단	겉 표	바를 정
形形形形形形形	端端端端端端端	表表表表表表表	正正正正正
形 形	端 端	表 表	正 正

생김새가 단정 하고 깨끗하면 정직함이 겉으 로 드러난다.

形
端
表
正

空	谷	傳	聲
빌 공	골 곡	전할 전	소리 성
空空空空空空空	谷谷谷谷谷谷谷	傳傳傳傳傳傳傳	聲聲聲聲聲聲聲
空 空	谷 谷	傳 傳	聲 聲

성현 말씀은 빈 골짜기에 소리가 울려 퍼지듯 멀리까지 전해진다.

空
谷
傳
聲

虛	堂	習	聽
빌 허	집 당	익힐 습	들을 청
虛虛虛虛虛虛虛	堂堂堂堂堂堂堂	習習習習習習習	聽聽聽聽聽聽聽
虛 虛	堂 堂	習 習	聽 聽

빈 집에서 소리가 잘 들리는 것처럼 항상 말과 행동을 조심해라.

虛
堂
習
聽

禍	因	惡	積
재앙 화	인할 인	악할 악	쌓을 적
禍禍禍禍禍禍禍	日日日月因因因	惡惡惡惡惡惡惡	積積積積積積積

재앙은 악이 쌓인 데에서 비롯된다.

禍
因
惡
積

福	緣	善	慶
복 복	인연 연	착할 선	경사 경
福福福福福福福	緣緣緣緣緣緣緣	善善善善善善善	慶慶慶慶慶慶慶

복은 착하고 경사스러운 일에서 비롯된다.

福
緣
善
慶

尺	璧	非	寶
자 척	구슬 벽	아닐 비	보배 보
尺尺尺尺	璧璧璧璧璧璧璧	非非非非非非非	寶寶寶寶寶寶寶

한 자나 되는 구슬일지라도 진정한 보배는 아니다.

寸	陰	是	競
마디 촌	그늘 음	이 시	다툴 경
寸寸寸	陰陰陰陰陰陰陰	是是是是是是是	競競競競競競競

물질적인 것보다 시간이 더 소중하니 짧은 시간이라도 잘 사용해야 한다.

資	父	事	君
바탕 자	아비 부	섬길 사	임금 군
資資資資資資資	父父父父	事事事事事事事	君君君君君君君

부모를 섬기는 마음으로 임금을 섬기다.

曰	嚴	與	敬
가로 왈	엄할 엄	더불 여	공경할 경
曰口曰曰	嚴嚴嚴嚴嚴嚴嚴	與與與與與與與	敬敬敬敬敬敬敬

그것은 엄숙한 마음으로 공경하는 것이다.

孝	當	竭	力
효도 효	마땅할 당	다할 갈	힘 력
孝 孝 耂 耂 孝 孝 孝	當 當 當 當 當 當 當	竭 竭 竭 竭 竭 竭 竭	力 力

효도는 마땅히 힘을 다해야 한다.

忠	則	盡	命
충성 충	곧 즉	다할 진	목숨 명
忠 忠 忠 忠 忠 忠 忠	則 則 則 則 則 則 則	盡 盡 盡 盡 盡 盡 盡	命 命 命 命 命 命 命

충성은 목숨을 다해야 한다.

臨	深	履	薄
임할 **임**	깊을 **심**	밟을 **리**	얇을 **박**
臨臨臨臨臨臨	深深深深深深深	履履履履履履履	薄薄薄薄薄薄薄
臨 臨	深 深	履 履	薄 薄

부모 앞에서는 깊은 물에 임한 듯, 얇은 얼음을 밟는 듯 조심해서 행동해야 한다.

臨
深
履
薄

夙	興	溫	凊
일찍 **숙**	흥할 **흥**	따뜻할 **온**	서늘할 **정**
夙夙夙夙夙夙	興興興興興興興	溫溫溫溫溫溫溫	凊凊凊凊凊凊凊
夙 夙	興 興	溫 溫	凊 凊

아침에 일찍 일어나서 부모의 덥고 서늘함을 살펴야 한다.

夙
興
溫
凊

似	蘭	斯	馨
같을 **사**	난초 **란**	이 **사**	향기 **형**
似似仰仰似似似	蘭蘭蘭蘭蘭蘭蘭	斯斯斯斯斯斯斯	馨馨馨馨馨馨馨
似 似	蘭 蘭	斯 斯	馨 馨

군자의 지조와 절개는 난초의 향기처럼 멀리 퍼져 나간다.

似
蘭
斯
馨

如	松	之	盛
같을 **여**	소나무 **송**	갈 **지**	성할 **성**
女女女如如如	松松松松松松松	之之之	盛盛成成成盛盛
如 如	松 松	之 之	盛 盛

군자의 지조와 절개는 항상 푸르른 소나무와 같이 성하다.

如
松
之
盛

川	流	不	息
내 천	흐를 류	아니 불	쉴 식
川川川	流流流流流流流	不不不不	息息息息息息息

냇물은 쉬지 않고 흐른다.

淵	澄	取	暎
못 연	맑을 징	취할 취	비칠 영
淵淵淵淵淵淵淵	澄澄澄澄澄澄澄	取取取取取取取	暎暎暎暎暎暎暎

연못 물이 맑아 속이 훤히 보이듯 군자는 꾸밈없이 행동해야 한다.

容	止	若	思
얼굴 용	그칠 지	같을 약	생각 사
容容容突突容容	止止止止	若若若芳若若若	思思思思思思思

자신의 행동에 과실이 없도록 항상 깊이 생각하고 살펴야 한다.

容
止
若
思

言	辭	安	定
말씀 언	말씀 사	편안 안	정할 정
言言言言言言言	辭辭辭辭辭辭辭	安安安安安安	定定定定定定定

그리하여 말하는 것도 항상 안정되고 필요 없는 말은 하지 않는다.

言
辭
安
定

篤	初	誠	美
도타울 독	처음 초	정성 성	아름다울 미
篤篤篤篤篤篤篤	初初初初初初初	誠誠誠誠誠誠誠	美美美美美美美
篤 篤	初 初	誠 誠	美 美

매사에 처음 시작을 독실하게 하는 것이 진실로 아름다운 것이다.

篤
初
誠
美

愼	終	宜	令
삼갈 신	마칠 종	마땅 의	하여금 령
愼愼愼愼愼愼愼	終終終終終終終	宜宜宜宜宜宜宜	令令令令令
愼 愼	終 終	宜 宜	令 令

처음뿐 아니라 마무리도 성실히 하면 마땅히 좋은 결과를 얻을 수 있다.

愼
終
宜
令

榮	業	所	基
영화 **영**	업 **업**	바 소	터 기
榮榮榮榮榮莩榮	業業業業業業業	所所戶所所所所	基其其其其其基
榮　榮	業　業	所　所	基　基

바른 행실은 입신 출세의 바탕이 된다.

榮
業
所
基

籍	甚	無	竟
호적 **적**	심할 심	없을 무	마침내 **경**
籍箐籍籍籍籍籍	甚甚甚其其其甚	無二仁無無無無	竟竟音音音竟竟
籍　籍	甚　甚	無　無	竟　竟

이렇게 하면 명성은 끝없이 빛나리라.

籍
甚
無
竟

學	優	登	仕
배울 학	넉넉할 우	오를 등	벼슬 사
學學學學學學	優優優優優優優	登登登登登登	仕仕仕仕仕
學 學	優 優	登 登	仕 仕

학문이 우수하고 넉넉하면 벼슬길에 오를 수 있다.

學
優
登
仕

攝	職	從	政
잡을 섭	벼슬 직	좇을 종	정사 정
攝攝攝攝攝攝	職職職職職職職	從從從從從從從	政政政政政政政
攝 攝	職 職	從 從	政 政

그렇게 되면 벼슬길에 올라 정사에 참여할 수 있다.

攝
職
從
政

存	以	甘	棠
있을 존	써 이	달 감	해당화 당

存存存存存存 | 以以以以以 | 甘甘甘甘甘 | 棠棠棠棠棠棠棠

주나라 소공이 남국의 감당나무 아래에서 정무를 살펴 백성을 교화하였다.

去	而	益	詠
갈 거	어조사 이	더할 익	읊을 영

去去去去去 | 而而而而而而 | 益益益益益益益 | 詠詠詠詠詠詠詠

소공이 죽은 후 남국의 백성이 그의 덕을 추모하여 감당시를 읊었다.

樂	殊	貴	賤
풍류 악	다를 수	귀할 귀	천할 천
樂樂樂樂樂樂樂	殊殊殊殊殊殊殊	貴貴貴貴貴貴貴	賤賤賤賤賤賤賤
樂 樂	殊 殊	貴 貴	賤 賤

풍류는 사람의 귀천에 따라 다르게 했다.

樂
殊
貴
賤

禮	別	尊	卑
예도 례	다를 별	높을 존	낮을 비
禮禮禮禮禮禮禮	別別別別別別別	尊尊尊尊尊尊尊	卑卑卑卑卑卑卑
禮 禮	別 別	尊 尊	卑 卑

예절도 높고 낮음의 구별이 있다.

禮
別
尊
卑

上	和	下	睦
위 상	화할 화	아래 하	화목할 목
上 上 上	和 和 和 和 和 和 和	下 下 下	睦 睦 睦 睦 睦 睦 睦
上 上	和 和	下 下	睦 睦

윗사람이 사랑으로 아랫사람을 대하면 아랫사람이 윗사람을 공경하니 화목하다.

上
和
下
睦

夫	唱	婦	隨
지아비 부	부를 창	아내 부	따를 수
夫 夫 夫 夫	唱 唱 唱 唱 唱 唱 唱	婦 婦 婦 婦 婦 婦 婦	隨 隨 隨 隨 隨 隨 隨
夫 夫	唱 唱	婦 婦	隨 隨

남편이 어떠한 일을 정하면 아내가 따르되 앞서 나아가지 않는다.

夫
唱
婦
隨

外	受	傅	訓
밖 외	받을 수	스승 부	가르칠 훈
外夕外外外	受受受受受受受	傅傳傳傳傳傳	訓訓訓訓訓訓訓

8세가 되면 밖으로 나가서 스승의 가르침을 받아야 한다.

外受傅訓

入	奉	母	儀
들 입	받들 봉	어미 모	거동 의
八入	奉奉奉奉奉奉奉	母母母母母	儀儀儀儀儀儀儀

집에 들어와서는 어머니의 행동과 언행을 본받는다.

入奉母儀

諸	姑	伯	叔
모두 제	고모 고	맏 백	아재비 숙
諸諸諸諸諸諸諸	姑姑姑姑姑姑姑	伯伯伯伯伯伯伯	叔叔叔叔叔叔叔

고모와 백부, 숙부는 아버지의 형제 자매이니 잘 모셔야 한다.

諸
姑
伯
叔

猶	子	比	兒
같을 유	아들 자	견줄 비	아이 아
猶猶猶猶猶猶猶	子了子	比比比比	兒兒兒兒兒兒兒

조카들도 자기 자식과 같이 대해야 한다.

猶
子
比
兒

孔	懷	兄	弟
매우 공	품을 회	맏 형	아우 제
孔孔孔孔	懷懷懷懷懷懷懷	兄兄兄兄兄	弟弟弟弟弟弟弟

형제는 서로 사랑하고 도우며 의좋게 지내야 한다.

同	氣	連	枝
한가지 동	기운 기	이어질 연	가지 지
同同同同同同	氣氣氣氣氣氣氣	連連連連車連連	枝枝枝枝枝枝枝

형제는 부모의 기운을 같이 받았으니 마치 한 나무의 가지와 같다.

交	友	投	分
사귈 교	벗 우	던질 투	나눌 분
交交交交交交	友大方友	投投投投投投投	分分分分
交 交	友 友	投 投	分 分

벗을 사귐에 있어서는 분수에 맞는 사람끼리 사귀어야 한다.

交
友
投
分

切	磨	箴	規
끊을 절	갈 마	경계할 잠	법 규
切切切切	磨磨磨磨麻磨磨	箴箴箴箴箴箴箴	規規規規規規規
切 切	磨 磨	箴 箴	規 規

벗은 학문과 덕행을 갈고 닦아 도리를 지켜야 하며 잘못을 바로잡아주어야 한다.

切
磨
箴
規

仁	慈	隱	惻
어질 인	사랑할 자	숨을 은	불쌍히여길 측
仁仁仁仁	慈慈慈慈慈慈慈	隱隱隱隱隱隱隱	惻惻惻惻惻惻惻

어질고 자애로운 마음으로 남을 사랑하고 측은히 여긴다.

造	次	弗	離
지을 조	버금 차	아니 불	떠날 리
造造造告告造造	次次次次次次	弗弗弗弗弗弗	離離離離離離離

잠시라도 측은하게 여기는 마음을 잊어서는 안 된다.

節	義	廉	退
절개 **절**	옳을 **의**	청렴 **렴**	물러날 **퇴**
節節節節節節節	義義義義義義義	广庐庐庐廉廉廉	退退艮艮艮退退

청렴과 절개와 의리와 사양함과 물러남은 늘 지켜야 한다.

節
義
廉
退

顚	沛	匪	虧
기울어질 **전**	자빠질 **패**	아닐 **비**	이지러질 **휴**
顚顚顚顚顚顚顚	沛沛沛沛沛沛沛	匪匪正ᅟ正匪匪匪	虧庐庐庐虧虧虧

엎어지고 자빠질 때에도 이지러짐이 있어서는 안 된다.

顚
沛
匪
虧

性	靜	情	逸
성품 성	고요할 정	뜻 정	편안할 일
性性性性性性	靜靜靜靜靜靜靜	情情情情情情情	逸逸逸逸逸逸逸
性 性	靜 靜	情 情	逸 逸

성품이 고요하면 마음도 편안하다.

性
靜
情
逸

心	動	神	疲
마음 심	움직일 동	정신 신	피곤할 피
心心心心	動動動動動動動	神神神神神神神	疲疲疲疲疲疲疲
心 心	動 動	神 神	疲 疲

마음이 불안하면 정신도 피곤해진다.

心
動
神
疲

守	眞	志	滿
지킬 수	참 진	뜻 지	찰 만
守守守守守	眞眞眞眞眞眞眞	志志志志志志志	滿滿滿滿滿滿滿

사람이 본래의
도리를 지키면
뜻이 가득 찬다.

逐	物	意	移
쫓을 축	재물 물	뜻 의	옮길 이
逐逐逐逐逐逐逐	物物物物物物物	意意意意意意意	移移移移移移移

사람이 욕심을
내면 마음도
변한다.

堅	持	雅	操
굳을 견	가질 지	우아할 아	지조 조
堅堅堅堅堅堅	持持持持持持持	雅雅雅雅雅雅雅	操操操操操操操
堅 堅	持 持	雅 雅	操 操

착한 마음과 바른 지조를 굳게 지키고 살아가라.

堅
持
雅
操

好	爵	自	縻
좋을 호	벼슬 작	스스로 자	얽을 미
好好好好好好	爵爵爵爵爵爵爵	自自自自自自	縻縻縻縻縻縻縻
好 好	爵 爵	自 自	縻 縻

이렇게 사노라면 좋은 벼슬은 저절로 얻게 된다.

好
爵
自
縻

都	邑	華	夏
도읍 도	고을 읍	빛날 화	여름 하
者者者者者都都	邑邑邑邑邑邑邑	華華華華華華華	夏夏夏夏夏夏夏
都 都	邑 邑	華 華	夏 夏

한 나라의 도읍을 화하華夏에 세웠다.

都
邑
華
夏

東	西	二	京
동녘 동	서녘 서	두 이	서울 경
東東東東東東東	西西西西西西	二二	京京京京京京京
東 東	西 西	二 二	京 京

동쪽과 서쪽에 두 수도를 세우니 후세 사람들이 이를 이경이라 불렀다.

東
西
二
京

背	邙	面	洛
등 배	북망산 망	향할 면	강이름 락
背背背背背背背	邙邙邙邙邙	面面面面面面面	洛洛洛洛洛洛洛
背　背	邙　邙	面　面	洛　洛

동경인 낙양은 북망산邙山을 뒤에 두고 낙수洛水를 앞에 두었다.

背
邙
面
洛

浮	渭	據	涇
뜰 부	강이름 위	의거할 거	물이름 경
浮浮浮浮浮浮浮	渭渭渭渭渭渭渭	據據據據據據據	涇涇涇涇涇涇涇
浮　浮	渭　渭	據　據	涇　涇

서경인 장안은 위수渭水가에 있고 경수涇水를 의지하고 있다.

浮
渭
據
涇

宮	殿	盤	鬱
집 궁	대궐 전	서릴 반	답답할 울
宮宮宮宮宮宮宮	殿殿殿殿殿殿殿	盤盤盤般般盤	鬱鬱鬱鬱鬱鬱

궁전은 울창한 나무 사이에 가린 듯 웅장하다.

樓	觀	飛	驚
다락 루	볼 관	날 비	놀랄 경
樓樓樓樓樓樓樓	觀觀觀觀觀觀觀	飛飛飛飛飛飛	驚驚驚驚驚驚驚

궁전의 다락과 망루는 마치 하늘을 나는 듯 높이 솟아 있는 형상이다.

圖	寫	禽	獸
그림 도	베낄 사	날짐승 금	짐승 수
圖圖圖圖圖圖圖	寫寫寫寫寫寫寫	禽禽禽禽禽禽禽	獸獸獸獸獸獸獸

궁전 내부에는 새와 짐승의 그림으로 벽을 장식하였다.

圖
寫
禽
獸

畵	彩	仙	靈
그림 화	채색 채	신선 선	신령 령
畵畵畵畵畵畵畵	彩彩彩彩彩彩彩	仙仙仙仙仙	靈靈靈靈靈靈靈

또한 신선과 신령들의 그림도 곱게 채색하여 그렸다.

畵
彩
仙
靈

丙	舍	傍	啓
남녘 **병**	집 **사**	곁 **방**	열 **계**
丙丙丙丙丙	舍舍舍舍舍舍舍	傍傍傍傍傍傍傍	啓啓啓啓啓啓啓
丙 丙	舍 舍	傍 傍	啓 啓

신하들이 쉬는 병사丙舍의 양 옆으로 문을 내어 편리를 도모했다.

丙
舍
傍
啓

甲	帳	對	楹
갑옷 **갑**	휘장 **장**	대할 **대**	기둥 **영**
甲甲甲甲甲	帳帳帳帳帳帳帳	對對對對對對對	楹楹楹楹楹楹楹
甲 甲	帳 帳	對 對	楹 楹

궁중에서 치는 휘장인 갑장甲帳도 두 기둥 사이에 맞서 늘어져 있다.

甲
帳
對
楹

071

肆	筵	設	席
베풀 사	자리 연	베풀 설	자리 석
肆肆肆肆肆肆肆	筵筵筵筵筵筵筵	設設設設設設設	席席席席席席席

임금이 신하를 불러 돗자리를 깔고 잔치를 베풀다.

肆
筵
設
席

鼓	瑟	吹	笙
북 고	비파 슬	불 취	생황 생
鼓鼓鼓鼓鼓鼓鼓	瑟瑟瑟瑟瑟瑟瑟	吹吹吹吹吹吹吹	笙笙笙笙笙笙笙

궁중의 연회에는 북 치고 비파를 타고 생황을 불어 흥을 돋운다.

鼓
瑟
吹
笙

陞	階	納	陛
오를 **승**	계단 **계**	바칠 **납**	대궐섬돌 **폐**
陞陞陞陞陞陞陞	階階階階階階階	納納納納納納納	陛陛陛陛陛陛陛
陞 陞	階 階	納 納	陛 陛

문무백관이 계
단을 올라 임금
을 뵙는 절차를
이른다.

陞
階
納
陛

弁	轉	疑	星
고깔 **변**	구를 **전**	의심할 **의**	별 **성**
弁弁弁弁弁	轉轉轉轉轉轉轉	疑疑疑疑疑疑疑	星星星星星星星
弁 弁	轉 轉	疑 疑	星 星

입궐하는 대신
들의 관에 장식
된 보석의 움직
임이 별인 듯
의심할 정도다.

弁
轉
疑
星

右	通	廣	内
오른 우	통할 통	넓을 광	안 내
右右右右右	通通通通通通通	廣廣廣廣廣廣廣	内冂内内
右 右	通 通	廣 廣	内 内

오른쪽으로는 광내전[국립도서관]과 통한다.

右
通
廣
内

左	達	承	明
왼 좌	통달할 달	이을 승	밝을 명
左左左左左	達達達達達達達	承了承承承承承	明明明明明明明
左 左	達 達	承 承	明 明

왼쪽으로는 승명려[휴게실과 숙직실을 겸하던 곳]에 통한다.

左
達
承
明

旣	集	墳	典
이미 기	모을 집	무덤 분	법 전
旣旣旣旣旣旣旣	集集集集集隹集	墳墳墳墳墳墳墳	冎冎冎典典典典

광내전에 이미 삼분과 오전 [삼황오제의 경전]을 모았다.

旣
集
墳
典

亦	聚	群	英
또 역	모을 취	무리 군	영웅 영
亦亦亣亦亦亦	聚聚聚聚聚聚聚	群群群君群群群	英英英英英英英

또한 여러 영재들을 모아 분전을 강론하여 치국의 도를 밝혔다.

亦
聚
群
英

杜	稿	鍾	隷
성씨 두	볏짚 고	쇠북 종	글씨 례
杜杜杜杜杜杜杜	稿稿稿稿稿稿稿	鍾鍾鍾鍾鍾鍾鍾	隷隷隷隷隷隷隷
杜 杜	稿 稿	鍾 鍾	隷 隷

두고는 초서草書에, 종요는 예서隷書에 뛰어난 명필이었다.

杜
稿
鍾
隷

漆	書	壁	經
옻칠할 칠	글씨 서	벽 벽	경서 경
漆漆漆漆漆漆漆	書書書書書書書	壁壁壁壁壁壁壁	經經經經經經經
漆 漆	書 書	壁 壁	經 經

대나무에 옻으로 쓴 벽경이 있다.

漆
書
壁
經

府	羅	將	相
관청 **부**	벌릴 **라**	장수 **장**	정승 **상**
府府府府府府府	羅羅羅羅羅羅羅	爿爿爿將將將將	十十十相相相相

부府에는 장수 와 정승이 늘 어서 있다.

府
羅
將
相

路	俠	槐	卿
길 **로**	낄 **협**	홰나무 **괴**	벼슬 **경**
路路路路路路路	俠俠俠俠俠俠俠	槐槐槐槐槐槐槐	卿卿卿卿卿卿卿

큰 길을 끼고 대신들의 집이 들어서 있다.

路
俠
槐
卿

戶	封	八	縣
집 **호**	봉할 **봉**	여덟 **팔**	고을 **현**
戶戶戶戶	封封封封封封封	八八	縣縣縣縣縣縣縣
戶 戶	封 封	八 八	縣 縣

팔현八縣의 호戶를 주어 공신을 봉하였다.

家	給	千	兵
집 **가**	줄 **급**	일천 **천**	군사 **병**
家家家家家家家	給給給給給給給	千千千	兵兵兵兵兵兵兵
家 家	給 給	千 千	兵 兵

공신에게는 천 명의 병사를 주었다.

高	冠	陪	輦
높을 고	갓 관	모실 배	연 련
高高高高高高高	冠冠冠冠冠冠冠	陪陪陪陪陪陪陪	輦輦輦輦輦輦輦

높은 관을 쓴 대신들이 임금의 연(수레)을 모신다.

高
冠
陪
輦

驅	轂	振	纓
몰 구	바퀴 곡	떨칠 진	끈 영
驅驅驅驅驅驅驅	轂轂轂轂轂轂轂	振振振振振振	纓纓纓纓纓纓纓

임금의 연이 달릴 때 바퀴 소리 요란하고 머리에 쓴 갓끈이 진동한다.

驅
轂
振
纓

世	祿	侈	富
대대 세	녹봉 록	사치할 치	부자 부
世世世世世	祿祿祿祿祿祿祿	侈侈侈侈侈侈侈	富富富富富富富
世 世	祿 祿	侈 侈	富 富

임금이 내리는 세록을 받은 공신들은 자자손손 풍요롭게 살았다.

世
祿
侈
富

車	駕	肥	輕
수레 거	멍에 가	살찔 비	가벼울 경
車車車車車車車	駕駕駕駕駕駕駕	肥肥肥肥肥肥肥	輕輕輕輕輕輕輕
車 車	駕 駕	肥 肥	輕 輕

말이 살찌고 튼튼해서 무거운 물건도 가볍게 끌수 있다.

車
駕
肥
輕

策	功	茂	實
꾀 책	공 공	무성할 무	열매 실
策策策筞筞策策	功功功玏功	茂茂茂茇茂茂茂	實實實實實實實

공로를 따져
실적에 힘쓰게
하다.

策
功
茂
實

勒	碑	刻	銘
새길 륵	비석 비	새길 각	새길 명
勒勒勒靪革靪勒	碑碑碑碑碑碑碑	刻刻刻刻亥刻刻	銘銘銘銘鈘鈘銘

공적을 비석에
기록하여 후세
에까지 전하도
록 하였다.

勒
碑
刻
銘

磻	溪	伊	尹
강이름 반	시내 계	저 이	다스릴 윤
磻磻磻磻磻磻磻	溪溪溪溪溪溪溪	伊伊伊伊伊伊	フフヲ尹
磻 磻	溪 溪	伊 伊	尹 尹

주문왕은 반계에서 강태공을, 은탕왕은 신야에서 이윤을 맞아들였다.

磻
溪
伊
尹

佐	時	阿	衡
도울 좌	때 시	언덕 아	저울대 형
佐佐佐佐佐佐佐	時時時時時時時	阿阿阿阿阿阿阿	衡衡衡衡衡衡衡
佐 佐	時 時	阿 阿	衡 衡

아형(이윤)은 때를 도와서 공을 세워 재상이 되었다.

佐
時
阿
衡

奄	宅	曲	阜
문득 **엄**	집 **택**	굽을 **곡**	언덕 **부**
奄大犬存奄奄奄	宅宅宅宅宅宅	曲冂甴甶曲曲	阜𠂆𠂤阜𠃊𠃊阜
奄 奄	宅 宅	曲 曲	阜 阜

주나라 성왕이 주공에게 보답 하고자 곡부 땅에 큰 집을 지어주었다.

奄
宅
曲
阜

微	旦	孰	營
작을 **미**	아침 **단**	누구 **숙**	경영 **영**
微微微微微微微	旦冂旦旦旦	孰亠亨享孰孰孰	營𤰞𤰞𤰞營營營營
微 微	旦 旦	孰 孰	營 營

주공 단旦이 아니면 누가 그 거대한 집 을 경영할 수 있겠는가!

微
旦
孰
營

桓	公	匡	合
굳셀 **환**	벼슬이름 **공**	바를 **광**	모을 **합**
桓桓桓桓桓桓桓	公公公公	匡匡匡匡匡匡	合合合合合合

제나라 환공은 작은 나라들을 뭉치게 하여 초나라를 물리치고 천하를 바로 잡았다.

濟	弱	扶	傾
건질 **제**	약할 **약**	도울 **부**	기울 **경**
濟濟濟濟濟濟濟	弱弱弱弱弱弱弱	扶扶扶扶扶扶扶	傾傾傾傾傾傾傾

그리고 그는 약하고 기울어져 가는 나라를 도와 구제해 주었다.

綺	回	漢	惠
비단 기	돌아올 회	나라 한	은혜 혜
綺綺綺綺綺綺綺	冂冂冋冋回回	氵汋洴漢漢漢漢	叀叀叀叀叀惠惠

진나라 기리계 綺里季는 한나라 혜제惠帝를 도와주었다.

綺
回
漢
惠

說	感	武	丁
기뻐할 열	느낄 감	호반 무	고무래 정
說說說說說說說	厂厈咸咸咸感感	武武仧仧武武武	丁丁

재상으로 발탁된 부열은 중흥의 위업을 달성하여 무정을 감동시켰다.

說
感
武
丁

俊	乂	密	勿
준걸 준	어질 예	빽빽할 밀	말 물
俊俊俊俊俊俊俊	乂乂	密密密密密密密	勿勿勿勿
俊 俊	乂 乂	密 密	勿 勿

준걸과 재사들이 조정에 모여 열심히 일한다.

俊
乂
密
勿

多	士	寔	寧
많을 다	선비 사	진실로 식	편안 녕
多多多多多多	一十士	寔寔寔寔寔寔寔	寧寧寧寧寧寧寧
多 多	士 士	寔 寔	寧 寧

이처럼 많은 선비가 있어 나라가 진실로 편안하다.

多
士
寔
寧

晋	楚	更	霸
나라 진	나라 초	다시 갱	으뜸 패
晋晋晋亚晋晋晋	楚梦梦梦梦楚楚	更更夹更更更更	霸霸霸霸霫霸霸

진晉나라와 초
楚나라가 번갈
아 패권을 잡
았다.

晋
楚
更
霸

趙	魏	困	橫
나라 조	나라 위	곤할 곤	비낄 횡
趙趙走赵赵趙趙	魏魏魏委魏魏魏	日门冈用困困	横橫橫橫橫橫橫

조趙나라와 위
魏나라는 연횡
책으로 곤경에
빠졌다.

趙
魏
困
橫

087

假	途	滅	虢
빌 가	길 도	멸할 멸	나라 괵
假假假假假假	途途途途途途途	滅滅滅滅滅滅滅	虢虢虢虢虢虢虢
假 假	途 途	滅 滅	虢 虢

진헌공晉獻公은 우나라의 길을 빌려 괵나라를 치고는 돌아가는 길에 우나라도 멸망시켰다.

假
途
滅
虢

踐	土	會	盟
밟을 천	흙 토	모일 회	맹세 맹
踐踐踐踐踐踐踐	土土土	會會會會會會會	盟盟盟盟盟盟盟
踐 踐	土 土	會 會	盟 盟

진문공晉文公이 천토에서 주양왕을 모시고 제후들에게 맹세를 받았다.

踐
土
會
盟

何	遵	約	法
어찌 **하**	좇을 **준**	약속할 **약**	법 **법**
何何何何何何何	遵遵遵遵遵遵遵	約約約約約約約	法法法法法法法
何　何	遵　遵	約　約	法　法

소하는 세 가
지 간소한 법
으로 나라를
다스렸다.

何
遵
約
法

韓	弊	煩	刑
나라 **한**	폐단 **폐**	번거로울 **번**	형벌 **형**
韓韓韓韓韓韓韓	弊弊弊弊弊弊弊	煩煩煩煩煩煩煩	刑刑刑刑刑刑
韓　韓	弊　弊	煩　煩	刑　刑

한비자가 만든
법은 번거롭고
가혹하여 오히
려 많은 폐해를
불러왔다.

韓
弊
煩
刑

起	翦	頗	牧
일어날 기	자를 전	자못 파	칠 목
起起起走走起起	翦翦翦翦翦翦翦	頗頗皮頗頗頗頗	牧牧牧牧牧牧牧
起 起	翦 翦	頗 頗	牧 牧

명장으로는 백기白起, 왕전王翦, 염파廉頗, 이목李牧이 있다.

起
翦
頗
牧

用	軍	最	精
쓸 용	군사 군	가장 최	정할 정
月月月月用	軍軍軍軍軍軍軍	最最最最最最最	精精精精精精
用 用	軍 軍	最 最	精 精

이 네 장수는 용병술에 가장 정밀하고 능숙하였다.

用
軍
最
精

宣	威	沙	漠
베풀 선	위엄 위	모래 사	아득할 막
宣宣宣宣宣宣宣	厂厃厃反威威威	沙沙沙沙沙沙沙	漠漠漠漠漠漠漠
宣 宣	威 威	沙 沙	漠 漠

그 위엄은 멀리 오랑캐가 사는 사막에까지 퍼졌다.

宣
威
沙
漠

馳	譽	丹	靑
달릴 치	칭찬할 예	붉을 단	푸를 청
馳馳馬馬駒馳馳	譽譽譽譽與與譽	刀刀月丹	靑靑靑靑靑靑靑
馳 馳	譽 譽	丹 丹	靑 靑

장수의 얼굴을 그려 그 명예가 후세에까지 전해지도록 하였다.

馳
譽
丹
靑

九	州	禹	跡
아홉 구	고을 주	임금 우	자취 적
九九	州州州州州州	禹禹禹禹禹禹禹	跡跡跡跡跡跡跡

9주는 우禹임금 공적의 자취이다.

九
州
禹
跡

百	郡	秦	幷
일백 백	고을 군	나라 진	합할 병
百百百百百百	郡郡郡尹君郡郡	秦秦秦秦秦秦秦	幷幷幷幷幷幷幷

진시황은 천하를 통일하여 전국을 100개의 군郡으로 나누어 다스렸다.

百
郡
秦
幷

嶽	宗	恒	岱
큰산 **악**	마루 **종**	항상 **항**	뫼 **대**
嶽嶽嶽嶽嶽嶽嶽	宗宗宗宗宇宗宗	恒恒恒恒恒恒恒	岱岱岱代代代岱
嶽 嶽	宗 宗	恒 恒	岱 岱

오악五嶽 중 항
산恒山과 대산
岱山을 그 근본
으로 삼았다.

嶽
宗
恒
岱

禪	主	云	亭
터닦을 **선**	임금 **주**	이를 **운**	정자 **정**
禪禪禪禪禪禪	主主主主主	云云云云	亭亭亭亭亭亭亭
禪 禪	主 主	云 云	亭 亭

대산에서는 천
신께, 운운산과
정정산에서는
지신께 제사드
렸다.

禪
主
云
亭

雁	門	紫	塞
기러기 안	문 문	붉을 자	변방 새
雁雁雁雁雁雁雁	門門門門門門門	紫紫紫紫紫紫紫	塞塞塞塞実塞塞
雁 雁	門 門	紫 紫	塞 塞

산서성 북쪽으로는 안문관이, 동서로는 흙빛이 붉은 만리장성이 둘러 있다.

雁
門
紫
塞

鷄	田	赤	城
닭 계	밭 전	붉을 적	성 성
鷄鷄鷄鷄鷄鷄鷄	日口曰田田	赤赤赤大赤赤赤	城城圢圿城城城
鷄 鷄	田 田	赤 赤	城 城

북쪽에는 계전이, 남쪽에는 붉은 돌이 많아 이름 붙여진 적성이 있다.

鷄
田
赤
城

昆	池	碣	石
맏 곤	못 지	돌 갈	돌 석
昆昆昆昆昆昆昆	池池池沱池池	碣碣碣碣碣碣碣	石石石石石
昆 昆	池 池	碣 碣	石 石

곤지는 장안 서 남쪽에 파놓은 연못이고 갈석 은 동해가에 우 뚝 서 있었다.

昆
池
碣
石

鉅	野	洞	庭
클 거	들 야	고을 동	뜰 정
鉅鉅鉅鉅鉅鉅鉅	野野野野野野野	洞洞洞洞洞洞洞	庭庭庭庭庭庭庭
鉅 鉅	野 野	洞 洞	庭 庭

거야는 태산 동 쪽에 있는 광활 한 들이며 동정 호는 중국 제일 의 호수이다.

鉅
野
洞
庭

曠	遠	綿	邈
넓을 광	멀 원	이어질 면	멀 막
曠曠曠曠曠曠曠	遠遠遠遠遠遠遠	綿綿綿綿綿綿綿	邈邈邈邈邈邈邈

모든 산과 호수와 평야가 아득하고 멀리 이어져 있다.

巖	岫	杳	冥
바위 암	묏부리 수	아득할 묘	어두울 명
巖巖巖巖巖巖巖	岫岫岫岫岫岫岫	杳杳杳杳杳杳杳	冥冥冥冥冥冥冥

산의 골짜기와 바위는 마치 동굴과도 같아 깊고 어둡다.

治	本	於	農
다스릴 치	근본 본	어조사 어	농사 농
治治治治治治治	不十才木本	於於方放於於於	晨農農農農農農

농사로써 나라
다스림의 근본
으로 삼았다.

務	玆	稼	穡
힘쓸 무	이 자	심을 가	거둘 색
務予務務務務務	玆玆玆玆玆玆玆	稼稼稼稼稼稼稼	穡秮秮穡穡穡穡

이에 심고 거
두는 일에 힘
쓰게 한다.

俶	載	南	畝
비로소 숙	일할 재	남녘 남	이랑 묘
俶俶俶俶俶俶俶	載載載載載載載	南南内南南南南	畝畝畝畝畝畝畝
俶 俶	載 載	南 南	畝 畝

봄이 되면 비로소 양지바른 남쪽 이랑부터 씨를 뿌리기 시작한다.

俶
載
南
畝

我	藝	黍	稷
나 아	심을 예	기장 서	피 직
我我我我我我我	藝藝藝藝藝藝藝	黍黍黍黍黍黍黍	稷稷稷稷稷稷稷
我 我	藝 藝	黍 黍	稷 稷

나는 정성껏 기장과 피를 심으리라.

我
藝
黍
稷

稅	熟	貢	新
징수할 세	익을 숙	바칠 공	새 신
稅 稅 稅 稅 稅 稅 稅	亨 亨 亨 孰 孰 孰 熟	一 千 千 斉 斉 貢 貢	立 辛 亲 新 新 新 新
稅 稅	熟 熟	貢 貢	新 新

곡식이 익으면 세금을 냈고 햇곡식으로 종묘에 제사를 올린다.

稅
熟
貢
新

勸	賞	黜	陟
권할 권	상줄 상	물리칠 출	오를 척
勧 勧 勤 藋 藋 勸 勸	賞 賞 賞 賞 賞 賞 賞	黑 黑 里 黑 黑 黜 黜	阝 阝 阝 阼 陟 陟 陟
勸 勸	賞 賞	黜 黜	陟 陟

농사를 잘 지은 사람에게는 상을, 권농을 게을리한 관리는 내쫓았다.

勸
賞
黜
陟

099

孟	軻	敦	素
맏 맹	수레 가	도타울 돈	흴 소
孟孟子舌舌孟孟孟	軻軻軻軻軻軻軻	敦敦享享敦敦敦	素素素素素素素
孟 孟	軻 軻	敦 敦	素 素

맹자는 본바탕을 돈독히 닦았다.

史	魚	秉	直
역사 사	물고기 어	잡을 병	곧을 직
史史史史史	魚魚魚魚魚魚魚	秉秉秉秉秉秉秉	直直直直直直直
史 史	魚 魚	秉 秉	直 直

사어는 성격이 매우 곧고 강직하였다.

庶	幾	中	庸
무리 서	몇 기	가운데 중	떳떳할 용
庶庶庄庄庶庶庶庶	幾幾幾幾幾幾幾	中中中中	庸庸庄庸庸庸庸庸

사람은 마음속
에 항상 중용의
도를 지켜 행동
해야 한다.

庶
幾
中
庸

勞	謙	謹	勅
힘쓸 로	겸손할 겸	삼갈 근	경계할 칙
勞勞勞勞勞勞勞	謙謙謙謙謙謙謙	謹謹謹謹謹謹謹	勅勅勅勅勅勅勅

그러려면 근로
하고 겸손하며
삼가고 경계해
야 한다.

勞
謙
謹
勅

101

聆	音	察	理
들을 령	소리 음	살필 찰	이치 리
聆聆聆聆聆聆聆	音音音音音音音音	察察察察察察察	理理理理理理理

목소리를 듣고
서 그 의중을
살펴야 한다.

鑑	貌	辨	色
거울 감	모양 모	분별 변	빛 색
鑑鑑鑑鑑鑑鑑	貌貌貌貌貌貌	辨辨辨辨辨辨	色色色色色色

용모와 안색을
보고 그 마음
속을 분별할
수 있다.

貽	厥	嘉	猷
끼칠 이	그 궐	아름다울 가	꾀 유
貽 貝 貝 貼 貼 貽	厥 厥 厥 厥 厥 厥 厥	嘉 嘉 嘉 嘉 嘉 嘉 嘉	猷 猷 猷 猷 猷 猷 猷

사람은 누구나 모범이 될 만한 일을 하여 후손에게 남겨야 한다.

勉	其	祗	植
힘쓸 면	그 기	공경할 지	심을 식
勉 免 免 免 免 勉 勉	其 甘 甘 甘 其 其 其	祗 祗 祗 祗 祗 祗	植 植 植 植 植 植 植

올바른 행동을 자기 몸에 익히도록 힘써야 한다.

省	躬	譏	誡
살필 성	몸 궁	나무랄 기	경계할 계
省省省省省省	躬躬躬躬躬躬躬	譏譏譏譏譏譏譏	誡誡誡誡誡誡誡

자신의 몸가짐을 반성하고 살펴서 경계해야 한다.

省
躬
譏
誡

寵	增	抗	極
사랑할 총	더할 증	저항할 항	다할 극
寵寵寵寵寵寵寵	增增增增增增增	抗抗抗抗抗抗抗	極極極極極極極

임금의 총애가 더할수록 교만하지 말고 더욱 조심해야 한다.

寵
增
抗
極

殆	辱	近	恥
위태로울 **태**	욕될 **욕**	가까울 **근**	부끄러울 **치**
殆殆殆殆殆殆殆	辱辱辱辰辰辱辱	近近近近近近近	恥恥恥恥恥恥恥
殆 殆	辱 辱	近 近	恥 恥

위태롭고 욕된 일을 하면 부끄러움이 몸에 닥친다.

林	皐	幸	卽
수풀 **림**	언덕 **고**	다행 **행**	곧 **즉**
林林林林朴林林	皐皐皐皐皐皐皐	幸幸幸幸幸幸幸	卽卽卽卽卽卽卽
林 林	皐 皐	幸 幸	卽 卽

혹여 치욕스런 일을 당하게 되면 자연에 은둔하여 한가하게 지냄이 낫다.

兩	疏	見	機
두 량	성씨 소	볼 견	기틀 기
兩兩兩兩兩兩兩	疏疏疏疏疏疏疏	見目目目見見見	機機機機機機機
兩 兩	疏 疏	見 見	機 機

두 소씨 즉, 소광과 소수는 때를 보아 상소하고 고향으로 돌아갔다.

兩
疏
見
機

解	組	誰	逼
풀 해	인끈 조	누구 수	핍박할 핍
解解解解解解解	組組組組組組組	誰誰誰誰誰誰誰	逼逼逼逼逼逼逼
解 解	組 組	誰 誰	逼 逼

인끈을 풀고 물러감에 누가 핍박하겠는가.

解
組
誰
逼

索	居	閑	處
찾을 색	살 거	한가할 한	곳 처
索索索索索索索	居尸尸居居居居	閑閑門門門閑閑	處處广虍虚處處處

벼슬에서 물러
나면 한가한
곳에서 조용히
살아야 한다.

索
居
閑
處

沈	默	寂	寥
잠길 침	잠잠할 묵	고요할 적	고요할 요
沈沈沈沈沈沈沈	默默默默黑默默	寂寂寂宇宋寂寂	寥寥寥宋宋寥寥

자연에서 조용
히 사니 고요
하구나.

沈
默
寂
寥

求	古	尋	論
구할 구	옛 고	찾을 심	의논할 론
求求求求求求求	古古古古古	尋尋尋尋尋尋尋	論論論論論論論
求 求	古 古	尋 尋	論 論

옛 사람의 글에서 진리를 구하고 그 도를 찾아 의논한다.

求
古
尋
論

散	慮	逍	遙
흩어질 산	생각 려	거닐 소	노닐 요
散散散散散散散	慮慮慮慮慮慮慮	逍逍逍逍逍逍逍	遙遙遙遙遙遙遙
散 散	慮 慮	逍 逍	遙 遙

잡된 생각은 흩어버리고 한가로이 거닐며 노닌다.

散
慮
逍
遙

欣	奏	累	遣
기쁠 흔	아뢸 주	여러 루	보낼 견
欣欣欣欣欣欣	夫夫夫奏奏奏奏	累累累累累累累	遣遣遣遣遣遣遣
欣 欣	奏 奏	累 累	遣 遣

기쁜 일은 아뢰고 나쁜 일은 흘려보낸다.

欣
奏
累
遣

慼	謝	歡	招
슬플 척	하직할 사	기뻐할 환	부를 초
慼慼慼慼慼慼慼	謝謝謝謝謝謝謝	歡歡歡歡歡歡歡	招招招招招招招
慼 慼	謝 謝	歡 歡	招 招

슬픔은 사라지고 기쁨은 손짓하여 부르듯이 찾아온다.

慼
謝
歡
招

渠	荷	的	歷
개천 거	연꽃 하	과녁 적	역력할 력
渠渠渠渠渠渠渠	荷荷荷荷荷荷荷	的的的的的的的	歷歷歷歷歷歷歷
渠 渠	荷 荷	的 的	歷 歷

개천에 만발한 연꽃의 아름다움은 비길 데가 없다.

渠
荷
的
歷

園	莽	抽	條
동산 원	풀 망	뽑을 추	가지 조
園園園園園園園	莽莽莽莽莽莽莽	抽抽抽抽抽抽抽	條條條條條條條
園 園	莽 莽	抽 抽	條 條

동산의 풀들이 무성하여 그 가지가 사방으로 쭉쭉 높이 뻗어 오른다.

園
莽
抽
條

枇	杷	晚	翠
비파나무 **비**	비파나무 **파**	늦을 **만**	푸를 **취**

枇 枇 枇 枇 枇 枇 枇　杷 杷 杷 杷 杷 杷 杷　晚 晚 晚 晚 晚 晚 晚　翠 翠 翠 翠 翠 翠 翠

비파나무는 그다지 아름답지는 않지만 늦도록 푸르다.

梧	桐	早	凋
오동 **오**	오동 **동**	이를 **조**	시들 **조**

梧 梧 梧 梧 梧 梧 梧　桐 桐 桐 桐 桐 桐 桐　早 早 早 早 早 早　凋 凋 凋 凋 凋 凋 凋

오동나무는 잎이 크고 무성하지만 일찍 시든다.

111

陳	根	委	翳
묵을 진	뿌리 근	맡길 위	가릴 예
陳陳陳陳陳陳陳	根根根根根根根	禾禾禾委委委委	翳翳翳翳翳翳翳

묵은 고목의 뿌리는 시들어 말라 죽는다.

陳
根
委
翳

落	葉	飄	颻
떨어질 락	잎 엽	나부낄 표	나부낄 요
落落落落落落落	葉葉葉葉葉葉葉	飄飄飄飄飄飄飄	颻颻颻颻颻颻颻

떨어진 낙엽은 바람에 이리저리 나부낀다.

落
葉
飄
颻

遊	鯤	獨	運
놀 유	곤새 곤	홀로 독	움직일 운
遊 斿 扩 斿 斿 游 遊	鯤 鯤 鯤 鯤 鯤 鯤 鯤	獨 獨 獨 獨 獨 獨 獨	運 運 扂 追 軍 運 運

곤어鯤魚는 홀로 자유로이 노닌다.

遊
鯤
獨
運

凌	摩	絳	霄
업신여길 릉	닦을 마	붉을 강	하늘 소
凌 凌 凌 凌 凌 凌 凌	广 庐 摩 摩 摩 摩 摩	絳 絳 絳 絳 絳 絳 絳	霄 霄 霄 霄 霄 霄 霄

곤어가 붕새로 변하여 태양이 뜨는 붉은 하늘을 마음대로 날아다닌다.

凌
摩
絳
霄

113

耽	讀	翫	市
즐길 **탐**	읽을 **독**	구경할 **완**	저자 **시**
耽耽耽耽耽耽耽	讀讀讀讀讀讀讀	翫翫翫翫翫翫翫	市市市市市
耽 耽	讀 讀	翫 翫	市 市

왕충은 책을 살 수 없을 정도로 가난하여 서점에 서서 책을 읽었다.

寓	目	囊	箱
붙일 **우**	눈 **목**	주머니 **낭**	상자 **상**
寓寓寓寓寓寓寓	目冂冂目目	囊囊囊囊囊囊囊	箱箱箱箱箱箱箱
寓 寓	目 目	囊 囊	箱 箱

글을 한 번 읽으면 잊지 않아 마치 주머니와 상자에 넣어둔 것과 같았다.

易	輶	攸	畏
쉬울 이	가벼울 유	바 유	두려워할 외
易易易易易易易	輶輶輶輶輶輶輶	攸攸攸攸攸攸攸	畏畏畏畏畏畏畏
易　易	輶　輶	攸　攸	畏　畏

사람은 모름지기 가볍게 움직이고 쉽게 말하는 것을 두려워해야 한다.

易
輶
攸
畏

屬	耳	垣	牆
붙일 속	귀 이	담 원	담 장
屬屬屬屬屬屬屬	耳耳耳耳耳耳	垣垣垣垣垣垣垣	牆牆牆牆牆牆牆
屬　屬	耳　耳	垣　垣	牆　牆

마치 누군가가 담장에 귀를 대고 있는 것처럼 조심해라.

屬
耳
垣
牆

具	膳	飱	飯
갖출 구	반찬 선	밥 손	밥 반
具具具具具具具	膳膳膳膳膳膳膳	飱飱飱飱飱飱飱	飯飯飯飯飯飯飯

반찬을 갖추어
밥을 먹는다.

適	口	充	腸
맞을 적	입 구	채울 충	창자 장
適適適商商商適	口口口	充充充充充充	腸腸腸腸腸腸腸

입에 맞으면
맛있게 먹고
최소한의 배고
픔만 가시도록
한다.

116

飽	飫	烹	宰
배부를 포	배부를 어	삶을 팽	고기 재
飽飽飽飽飽飽飽	飫飫飫飫飫飫飫	烹烹烹烹烹烹烹	宰宰宰宰宰宰宰
飽	飽	飫	飫	烹	烹	宰	宰

배가 부르면 아무리 좋은 음식도 그 맛을 모른다.

飽
飫
烹
宰

饑	厭	糟	糠
주릴 기	싫을 염	재강 조	겨 강
饑饑饑饑饑饑饑	厭厭厭厭厭厭厭	糟糟糟糟糟糟糟	糠糠糠糠糠糠糠
饑	饑	厭	厭	糟	糟	糠	糠

반대로 배가 고프면 지게미와 쌀겨도 맛이 있다.

饑
厭
糟
糠

親	戚	故	舊
친할 친	겨레 척	연고 고	옛 구
親親親親親親親	戚戚戚戚戚戚戚	故故故故故故故	舊舊舊舊舊舊舊
親 親	戚 戚	故 故	舊 舊

친척과 옛 친구는 서로 가깝게 지내야 한다.

親
戚
故
舊

老	少	異	糧
늙을 로	젊을 소	다를 이	양식 량
老老老老老老	少少少少	異異異異異異異	糧糧糧糧糧糧糧
老 老	少 少	異 異	糧 糧

늙고 젊음에 따라 음식을 달리 해야 한다.

老
少
異
糧

妾	御	績	紡
첩 첩	아내 어	길쌈 적	길쌈 방
妾妾妾妾妾妾妾	御御御御御御御	績績績績績績績	紡紡紡紡紡紡紡
妾 妾	御 御	績 績	紡 紡

아내나 첩은 길쌈을 한다.

妾
御
績
紡

侍	巾	帷	房
모실 시	수건 건	장막 유	방 방
侍侍侍侍侍侍侍	巾巾巾	帷帷帷帷帷帷帷	房房房房房房房
侍 侍	巾 巾	帷 帷	房 房

안방에서는 남편이 의관을 갖추는 것을 시중든다.

侍
巾
帷
房

紈	扇	圓	潔
흰비단 **환**	부채 **선**	둥글 **원**	깨끗할 **결**
紈紈紈紈紈紈紈	扇扇扇扇扇扇扇	圓圓圓圓圓圓圓	潔潔潔潔潔潔潔
紈 紈	扇 扇	圓 圓	潔 潔

비단 부채는 둥글고 깨끗하다.

紈
扇
圓
潔

銀	燭	煒	煌
은 **은**	촛불 **촉**	빛날 **위**	빛날 **황**
銀銀銀銀銀銀銀	燭燭燭燭燭燭燭	煒煒煒煒煒煒煒	煌煌煌煌煌煌煌
銀 銀	燭 燭	煒 煒	煌 煌

은촛대의 촛불로 방 안이 휘황찬란하다.

銀
燭
煒
煌

晝	眠	夕	寐
낮 주	잘 면	저녁 석	잠잘 매
晝晝晝晝晝晝晝	眠眠眠眠眠眠眠眠	ノ夕夕	寐寐寐寐寐寐寐

낮에는 졸고 저녁에는 깊이 자니 태평하다.

藍	筍	象	牀
쪽 람	죽순 순	코끼리 상	평상 상
藍藍藍藍藍藍藍	筍筍筍筍筍筍筍	象象象象象象象	牀牀牀牀牀牀牀

푸른 대나무 자리와 상아로 만든 침상에서 지낸다.

絃	歌	酒	讌
줄 현	노래 가	술 주	잔치 연
絃絃絃絃絃絃絃	歌歌歌歌歌歌歌	酒酒酒酒酒酒酒	讌讌讌讌讌讌讌

거문고를 타고 노래와 술로 흥겹게 잔치한다.

接	杯	擧	觴
이을 접	잔 배	들 거	잔 상
接接接接接接接	杯杯杯杯杯杯杯	擧擧擧擧擧擧擧	觴觴觴觴觴觴觴

술잔을 공손히 쥐고 두 손으로 들어 권한다.

矯	手	頓	足
들 교	손 수	두드릴 돈	발 족
矯矯矯矯矯矯矯	手手手手	頓頓頓頓頓頓頓	足足足足足足足

손을 들고 발을 구르며 춤을 춘다.

矯	手
頓	足

悅	豫	且	康
기쁠 열	미리 예	또 차	편안할 강
悅悅悅悅悅悅悅	豫豫豫豫豫豫豫	且且且且	康康康康康康康

기쁘고 즐거우며 살아가는 모습이 편안하기 그지없다.

悅	豫
且	康

嫡	後	嗣	續
정실 적	뒤 후	이을 사	이을 속
嫡嫡嫡嫡嫡嫡	後後後後後後後	嗣𠮷𠮷嗣嗣嗣嗣	續續續續續續續
嫡　嫡	後　後	嗣　嗣	續　續

적자(정실부인이 낳은 아들)로 대를 잇는다.

嫡
後
嗣
續

祭	祀	蒸	嘗
제사 제	제사 사	찔 증	맛볼 상
祭祭祭祭祭祭祭	祀祀祀祀祀祀祀	蒸蒸蒸蒸蒸蒸蒸	嘗嘗嘗嘗嘗嘗嘗
祭　祭	祀　祀	蒸　蒸	嘗　嘗

제사에는 겨울에 올리는 증烝과 가을에 올리는 상嘗이 있다.

祭
祀
蒸
嘗

稽	顙	再	拜
조아릴 **계**	이마 **상**	두번 **재**	절 **배**
稽稽秅秅秔稽稽	罙罙桑顙顙顙顙	再再冑冑再再	拜三拜拜拜拜拜
稽 稽	顙 顙	再 再	拜 拜

제사를 지낼 때에는 이마를 조아리며 두 번 절한다.

稽
顙
再
拜

悚	懼	恐	惶
송구할 **송**	두려워할 **구**	두려워할 **공**	두려워할 **황**
悚悚怵悜悚悚	懼懼惶惶懼懼懼	恐恐恐恐恐恐	惶惶惶惶惶惶
悚 悚	懼 懼	恐 恐	惶 惶

또한 송구스럽고 엄숙한 자세로 정성스레 모셔야 한다.

悚
懼
恐
惶

牋	牒	簡	要
편지 **전**	편지 **첩**	간략할 **간**	중요할 **요**
牋牋牋牋牋牋牋	牒牒牒牒牒牒牒	簡簡簡簡簡簡簡	要要要要要要要

편지를 쓸 때에는 꼭 필요한 말만 간단하게 쓰는 것이 중요하다.

顧	答	審	詳
돌아볼 **고**	대답 **답**	살필 **심**	자세할 **상**
顧顧顧顧顧顧	答答答答答答答	審審審審審審審	詳詳詳詳詳詳詳

웃어른께 대답할 때는 다시 한 번 생각하고 자세하게 말씀드려야 한다.

骸	垢	想	浴
뼈 해	때 구	생각할 상	목욕할 욕
骸骸骨骨骨骸骸骸	垢垢垢垢垢垢垢	想想相想想想想	浴浴浴浴浴浴浴
骸 骸	垢 垢	想 想	浴 浴

몸에 때가 끼면 목욕할 것을 생각한다.

骸
垢
想
浴

執	熱	願	凉
잡을 집	더울 열	원할 원	서늘할 량
執執執執執執執	熱熱熱熱執熱熱	厂厏原原願願願	凉凉凉凉凉凉凉
執 執	熱 熱	願 願	凉 凉

뜨거운 것을 잡으면 본능적으로 시원해지기를 원한다.

執
熱
願
凉

127

驢	騾	犢	特
당나귀 려	노새 라	송아지 독	수소 특
驢驢驢駏駇驢驢	騾騾騾騾騾騾騾	犢犢犢犢犢犢犢	特特特特特特特
驢 驢	騾 騾	犢 犢	特 特

우리 생활과 가장 밀접한 가축은 나귀와 노새와 송아지이다.

驢
騾
犢
特

駭	躍	超	驤
놀랄 해	뛸 약	넘을 초	달릴 양
駭駭駭駭駭駭駭	躍躍躍躍躍躍躍	超超超起起超	驤驤驤驤驤驤驤
駭 駭	躍 躍	超 超	驤 驤

가축들이 놀라서 뛰기도 하고 울타리를 뛰어넘어 달리기도 한다.

駭
躍
超
驤

誅	斬	賊	盜
벨 주	벨 참	역적 적	도적 도
誅誅誅誅誅誅	車車斬斬斬斬	�賊賊賊賊賊	盜盜盜次洛盜盜
誅 誅	斬 斬	賊 賊	盜 盜

사람을 해치거나 남의 물건을 훔친 사람은 목을 베어 처벌한다.

誅
斬
賊
盜

捕	獲	叛	亡
잡을 포	얻을 획	배반할 반	도망할 망
捕捕捕捕捕捕	獲獲獲獲獲獲	叛叛叛叛叛叛	亡亡亡
捕 捕	獲 獲	叛 叛	亡 亡

배반하고 도망한 자는 사로잡아 벌을 준다.

捕
獲
叛
亡

布	射	僚	丸
베 포	쏠 사	벗 료	둥글 환
布布布布布	身身身身身射射	僚僚僚僚僚僚僚	九九丸

여포는 활을 잘 쏘았고 웅의료는 포환을 잘 던졌다.

布
射
僚
丸

嵇	琴	阮	嘯
성 혜	거문고 금	성 완	휘파람 소
嵇嵇嵇嵇嵇嵇嵇	琴琴琴琴琴琴琴	阮阮阮阮阮阮	嘯嘯嘯嘯嘯嘯嘯

혜강은 거문고를 잘 타고 완적은 휘파람을 잘 불었다.

嵇
琴
阮
嘯

恬	筆	倫	紙
편안할 **념**	붓 **필**	인륜 **륜**	종이 **지**
恬恬恬恬恬恬恬	筆筆筆筆筆筆筆	倫伶伶伶伶倫倫	紙紅紙紅紙紙紙
恬 恬	筆 筆	倫 倫	紙 紙

몽념은 붓을 만들고 채륜은 종이를 만들었 었다.

恬
筆
倫
紙

鈞	巧	任	釣
고를 **균**	공교할 **교**	맡길 **임**	낚시 **조**
鈞鈞鈞鈞鈞鈞鈞	巧巧巧巧巧巧	任任任任任任	釣釣釣釣釣釣釣
鈞 鈞	巧 巧	任 任	釣 釣

마균은 지남거 라는 수레를 만들었고 임공 자는 낚시를 만들었다.

鈞
巧
任
釣

釋	紛	利	俗
풀을 석	어지러울 분	이로울 리	풍속 속
釋釋釋釋釋釋釋	紛紛紛紛紛紛紛	利利利利利利利	俗俗俗俗俗俗俗
釋 釋	紛 紛	利 利	俗 俗

이 여덟 사람은 백성들의 어지러움을 풀어주고 생활을 이롭게 하였다.

釋
紛
利
俗

竝	皆	佳	妙
아우를 병	다 개	아름다울 가	묘할 묘
竝竝竝竝竝竝	皆皆皆皆皆皆皆	佳佳佳佳佳佳佳	妙妙妙妙妙妙妙
竝 竝	皆 皆	佳 佳	妙 妙

이들은 모두 아름답고 묘한 재주로 세상을 이롭게 하였다.

竝
皆
佳
妙

毛	施	淑	姿	모장과 서시는
털 모	베풀 시	맑을 숙	모양 자	자태가 아름다
毛毛毛毛	施施施施施施施	淑淑淑淑淑淑淑	姿姿姿姿姿姿姿	웠다.

모장과 서시는 자태가 아름다웠다.

毛
施
淑
姿

工	嚬	姸	笑	심지어 서시는
공교할 공	찡그릴 빈	고울 연	웃을 소	찡그리는 모습
工工工	嚬嚬嚬嚬嚬嚬嚬	姸姸姸姸姸姸姸	笑笑笑笑笑笑笑	조차 고왔다.

심지어 서시는 찡그리는 모습 조차 고왔다.

工
嚬
姸
笑

133

年	矢	每	催
해 년	화살 시	매양 매	재촉할 최
年年年年年年	矢矢矢矢矢矢	每每每每每每	催催催催催催催

세월은 날아가는 화살처럼 늘 재촉한다.

曦	暉	朗	耀
햇빛 희	빛날 휘	밝을 랑	빛날 요
曦曦曦曦曦曦曦	暉暉暉暉暉暉暉	朗朗朗朗朗朗朗	耀耀耀耀耀耀耀

태양과 달빛은 밝게 빛나 온 세상을 비춘다.

璇	璣	懸	斡
구슬 선	구슬 기	매달 현	빙빙돌 알
璇璇璇璇璇璇璇	璣璣璣璣璣璣璣	縣縣縣縣縣縣縣	斡斡斡斡斡斡斡
璇 璇	璣 璣	懸 懸	斡 斡

구슬로 만든 혼천의가 공중에 매달린 채 돌고 있다.

璇
璣
懸
斡

晦	魄	環	照
그믐 회	넋 백	고리 환	비칠 조
晦晦晦晦晦晦晦	魄魄魄魄魄魄魄	環環環環環環環	照照照照照照照
晦 晦	魄 魄	環 環	照 照

달이 차고 이지러지기를 반복한다.

晦
魄
環
照

135

指	薪	修	祐
가리킬 지	섶나무 신	닦을 수	복 우
指指指指指指	薪薪薪薪薪薪薪	修修修修修修	祐祐祐祐祐祐祐
指 指	薪 薪	修 修	祐 祐

섶이 불타는 것과 같은 정열로 착한 일을 열심히 하면 복을 받을 수 있다.

指
薪
修
祐

永	綏	吉	邵
길 영	편안할 수	길할 길	높을 소
永永永永永	綏綏綏綏綏綏綏	吉吉吉吉吉吉	邵邵邵邵邵邵邵
永 永	綏 綏	吉 吉	邵 邵

그리하면 오랫동안 편안하고 상서로움이 높아지리라.

永
綏
吉
邵

矩	步	引	領
법 구	걸음 보	이끌 인	옷깃 령
矩矩矩矩矩矩矩	步步步步步步步	引引引引引	領領領領領領領

목을 세워 자세를 반듯하게 하고 법도에 맞게 조심스레 걷는다.

矩
步
引
領

俯	仰	廊	廟
엎드릴 부	우러를 앙	행랑 랑	사당 묘
俯俯俯俯俯俯俯	仰仰仰仰仰仰	廊廊廊廊廊廊廊	廟廟廟廟廟廟廟

궁전이나 사당 복도에서 머리를 숙이고 드는 것 모두 법도에 맞게 해야 한다.

俯
仰
廊
廟

束	帶	矜	莊
묶을 속	띠 대	자랑 긍	씩씩할 장
束束束束束束束	帶帶帶帶帶帶帶	矜矜矜矜矜矜矜	莊莊莊莊莊莊莊
束 束	帶 帶	矜 矜	莊 莊

예복을 갖춰 입고 단정히 함으로써 떳떳하고 씩씩한 긍지를 갖는다.

束
帶
矜
莊

徘	徊	瞻	眺
배회할 배	배회할 회	쳐다볼 첨	바라볼 조
徘徘徘徘徘徘徘	徊徊徊徊徊徊徊	瞻瞻瞻瞻瞻瞻瞻	眺眺眺眺眺眺眺
徘 徘	徊 徊	瞻 瞻	眺 眺

배회하거나 먼 곳을 바라보는 것도 예의에 맞게 한다.

徘
徊
瞻
眺

孤	陋	寡	聞
외로울 고	더러울 루	적을 **과**	들을 문
了了了孤孤孤孤	陋陋陋陋陋陋陋	宓宓宓宓宓寡寡	門門門門門聞聞

외롭고 비루하게 자라 배움이 적다. 이 글을 지은 주흥사 자신을 겸손하게 말한 것이다.

愚	蒙	等	誚
어리석을 우	어릴 몽	등급 등	꾸짖을 **초**
愚愚愚愚愚愚愚	蒙蒙蒙蒙蒙蒙蒙	等等等等等等等	誚誚誚誚誚誚誚

그러므로 어리석고 몽매한 자와 같아서 다른 사람의 책망을 듣게 마련이다.

謂	語	助	者
이를 위	말씀 어	도울 조	놈 자
謂謂謂謂謂謂謂	語語語語語語語	助助助助助助助	者者者者者者者

어조사는 한문의 토로서 실질적인 뜻은 없고 보조적인 역할만 한다.

焉	哉	乎	也
어찌 언	어조사 재	어조사 호	어조사 야
焉焉焉焉焉焉焉	哉哉哉哉哉哉哉	乎乎乎乎乎	也也也

그중 대표적인 것은 언焉, 재哉, 호乎, 야也 이다.

부록

- 한 자에 둘 이상의 다른 음이 있는 글자

- 혼동하기 쉬운 한자

- 뜻이 비슷하거나 반대되는 한자 · 한자어

- 사자성어

- 우리나라의 성씨

한 자에 둘 이상의 다른 음이 있는 글자 [同字異音語]

降 　내릴 강　降雨강우, 昇降승강
　　　항복할 항　降伏항복, 投降투항

更 　다시 갱　更生갱생, 更紙갱지
　　　고칠 경　更張경장, 三更삼경

車 　수레 거　四輪車사륜거
　　　수레 차　車票차표, 馬車마차

見 　볼 견　見聞견문, 一見일견
　　　뵈올 현　謁見알현, 露見노현

告 　고할 고　告示고시, 豫告예고
　　　청할 곡　告寧곡녕,
　　　　　　　出必告출필곡

串 　꿸 관　串童관동, 串戲관희
　　　꼬챙이 찬　串子찬자, 官串관찬
　　　땅이름 곶　甲串갑곶(地名)

龜 　거북 구　龜浦구포(地名),
　　　　　　　龜玆구자(國名)
　　　거북 귀　龜鑑귀감,
　　　　　　　龜尾兎角귀미토각
　　　터질 균　龜裂균열, 龜坼균탁

金 　쇠 금　金品금품, 賞金상금
　　　성 김　金氏김씨.
　　　　　　　金浦김포(地名)

奈 　어찌 나　奈落나락
　　　어찌 내　奈何내하

南 　남녘 남　南北남북
　　　범어 나　南無나무

帑 　처자 노　妻帑처노, 鳥帑조노
　　　금고 탕　內帑金내탕금,
　　　　　　　帑庫탕고

142

茶　차 다　茶菓다과, 點茶점다,
　　　　茶洞다동(地名)
　　차 차　紅茶홍차, 葉茶엽차

宅　집 댁　宅內댁내, 宅下人댁하인
　　집 택　宅地택지, 住宅주택

度　법도 도　度數도수, 年度년도
　　헤아릴 탁　度支部탁지부
　　　　　　忖度촌탁

讀　읽을 독　讀書독서, 耽讀탐독
　　구절 두　吏讀이두, 句讀구두

洞　마을 동　洞里동리, 合洞합동
　　살필 통　洞察통찰, 洞燭통촉

屯　진칠 둔　屯田둔전, 駐屯주둔
　　험할 준　屯困준곤, 屯險준험

樂　즐길 락　樂園낙원
　　좋아할 요　樂山樂水요산요수

反　돌이킬 반　反亂반란, 違反위반
　　어려울 번　反田번전, 反胃번위

白　흰 백　白骨백골
　　아뢸 백　主人白주인백

便　똥오줌 변　便所변소, 小便소변
　　편할 편　便理편리, 郵便우편

復　돌아올 복　復歸복귀, 恢復회복
　　다시 부　復活부활, 復興부흥

父　아비 부　父母부모, 生父생부
　　자 보　尙父상보, 尼父이보

否　아닐 부　否決부결, 可否가부
　　막힐 비　否塞비색, 否運비운

北　북녘 북　北進북진, 南北남북
　　달아날 배　敗北패배

分　나눌 분　分裂분열, 部分부분
　　푼 푼　分錢푼전

不　아닐 불　不死草불사초
　　아닐 부　不動産부동산,
　　　　　　不在부재

沸　끓을 비　沸騰비등, 煮沸자비
　　용솟음할 불　沸水불수,
　　　　　　　沸然불연

寺　절 사　寺刹사찰, 本寺본사
　　관청 시　寺人시인

殺　죽일 **살**　殺生살생, 死殺사살
　　빠를 **쇄**　殺到쇄도, 相殺상쇄

狀　형상 **상**　狀況상황, 狀態상태
　　문서 **장**　狀啓장계, 賞狀상장

索　찾을 **색**　索引색인, 思索사색
　　쓸쓸할, 노 **삭**　索莫삭막,
　　　　　　　　索道삭도

塞　막힐 **색**　塞源색원, 閉塞폐색
　　요새 **새**　塞翁之馬새옹지마,
　　　　　　　要塞요새

說　말씀 **설**　說得설득, 學說학설
　　달랠 **세**　說客세객, 遊說유세
　　기쁠 **열**　說喜열희,
　　　　　　　　不亦說乎불역열호

省　살필 **성**　省墓성묘, 反省반성
　　덜 **생**　省略생략, 省力생력

率　거느릴 **솔**　率先솔선, 引率인솔
　　비율 **률**　率身율신, 能率능률

衰　쇠할 **쇠**　衰退쇠퇴, 盛衰성쇠
　　상옷 **최**　衰服최복

數　셀 **수**　數學수학, 運數운수
　　자주 **삭**　數白삭백, 頻數빈삭

宿　잘 **숙**　宿泊숙박, 路宿노숙
　　별자수 **수**　宿曜수요,
　　　　　　　　二十八宿이십팔수

食　밥 **식**　食堂식당,
　　　　　　　美食家미식가
　　먹을 **사**　食氣사기, 蔬食소사

十　열 **십**　十二支십이지
　　열번째 **시**　十月시월,
　　　　　　　　十方世界시방세계

什　열사람 **십**　什長십장, 什六십육
　　세간 **집**　什器집기, 佳什가집

惡　악할 **악**　惡漢악한, 懲惡징악
　　미워할 **오**　惡寒오한, 憎惡증오

於　어조사 **어**　於是乎어시호,
　　　　　　　　於焉間어언간
　　탄식할 **오**　於兎오토, 於乎오호

葉　입 **엽**　葉書엽서, 落葉낙엽
　　성 **섭**　葉氏섭씨,
　　　　　　　迦葉가섭(人名)

144

六 여섯 육 六法육법
  여섯번 유 五六月오뉴월

易 쉬울 이 易慢이만, 難易난이
  바꿀 역 易學역학, 貿易무역

咽 목구멍 인 咽喉인후, 咽頭인두
  목멜 열 嗚咽오열

炙 구울 자 炙背자배, 膾炙회자
  구울 적 炙鐵적철, 散炙산적

刺 찌를 자 刺戟자극, 諷刺충자
  찌를 척 刺殺척살, 刺船척선
  수라 라 水刺수라

場 마당 장 場所장소
  마당 량 道場도량

抵 막을 저 抵抗저항,
       根低當근저당
  칠 지 抵掌지장

著 나타날 저 著述저술, 顯著현저
  붙을 착 著近착근, 附著부착

切 끊을 절 切迫절박, 一切일절
  온통 체 一切일체

提 끌 제 提携제휴, 前提전제
  떼지어날 시 提提시시
  깨달을 리 菩提授보리수

佐 도울 좌 補佐보좌
  도울 자 佐飯자반

辰 별 진 辰時진시, 日辰일진
  새벽 신 生辰생신, 星辰성신

徵 부를 징 徵兵징병, 象徵상징
  음률 치 宮尙角徵羽
       궁상각치우(五音오음)

差 다를 차 差別차별, 格差격차
  차별 치 差參치참, 差輕치경

帖 표제 첩 帖着첩착, 手帖수첩
  체지 체 帖文체문, 帖紙체지

諦 살필 체 諦念체념, 妙諦묘체
  울 제 眞諦진제, 三諦삼제

丑 소 축 丑時축시
  이름 추 公孫丑공손추(人名)

則 법칙 칙 則度칙도, 規則규칙
  곧 즉 然則연즉

沈　잠길 침　沈沒침몰, 擊沈격침
　　성 심　沈氏심씨

拓　박을 탁　拓本탁본, 拓落탁락
　　넓힐 척　拓殖척식, 開拓개척

跛　절름발이 파　跛行파행,
　　　　　　　　　跛蹇파건
　　비스듬히설 피　跛立피립,
　　　　　　　　　跛依피의

婆　할미 파　婆娑파사, 老婆노파
　　세상 바　婆羅門바라문,
　　　　　　　娑婆世界사바세계

八　여덟 팔　八日팔일
　　여덟번 파　四月初八日
　　　　　　　사월초파일

布　펼 포　布告포고, 頒布반포
　　보시 보　布施보시

暴　사나울 폭　暴動폭동, 亂暴난폭
　　사나울 포　暴惡포악, 橫暴횡포

皮　가죽 피　皮革피혁, 木皮목피
　　가죽 비　鹿皮녹비

行　다닐 행　行列행렬, 決行결행
　　항렬 항　行列항렬, 叔行숙항

陜　좁을 협　陜隘협애, 山陜산협
　　땅이름 합　陜川합천(地名)

滑　미끄러울 활　滑走路활주로,
　　　　　　　　　圓滑원활
　　익살스러울 골　滑稽골계

혼동하기 쉬운 한자

佳 아름다울 가(佳人가인)
住 살 주(住宅주택)
往 갈 왕(往來왕래)

閣 누각 각(樓閣누각)
閤 쪽문 합(守閤수합)

刻 새길 각(彫刻조각)
核 씨 핵(核心핵심)
該 그 해(該當해당)

殼 껍질 각(貝殼패각)
穀 곡식 곡(穀食곡식)
毅 굳셀 의(毅然의연)

甲 첫째천간 갑(甲乙갑을)
申 펼 신(申告신고)
由 말미암을 유(理由이유)
田 밭 전(田畓전답)

幹 줄기 간(基幹기간)
斡 구를 알(斡旋알선)

干 방패 간(干城간성)
于 어조사 우(于先우선)

鬼 귀신 귀(鬼神귀신)
蒐 모을 수(蒐集수집)

減 덜 감(減少감소)
滅 멸망할 멸(滅亡멸망)

鋼 굳셀 강(鋼鐵강철)
綱 벼리 강(綱領강령)
網 그물 망(魚網어망)

腔 빈속 강(腹腔복강)
控 당길 공(控除공제)

儉 검소할 검(儉素검소)
險 험할 험(險難험난)
檢 검사할 검(點檢점검)

件 물건 건(要件요건)
伴 짝 반(同伴동반)

147

建 세울 건(建築건축)
健 건강할 건(健康건강)

犬 개 견(猛犬맹견)
大 큰 대(大將대장)

丈 어른 장(方丈방장)
太 클 태(太極태극)

坑 구덩이 갱(坑道갱도)
抗 겨룰 항(抵抗저항)

堅 굳을 견(堅實견실)
竪 세울 수(竪立수립)

決 결단할 결(決定결정)
快 쾌할 쾌(豪快호쾌)

境 경계 경(終境종경)
意 뜻 의(謝意사의)

更 고칠 경(變更변경)
吏 벼슬 리(吏房리방)
曳 끌 예(曳引예인)

競 다툴 경(競爭경쟁)
兢 삼갈 긍(兢戒긍계)

頃 잠깐 경(頃刻경각)
頂 정수리 정(頂上정상)
項 목덜미 항(項目항목)

計 셈할 계(計算계산)
訃 부음 부(訃音부음)

戒 경계할 계(警戒경계)
戎 병기 융(戎車융거)

季 철 계(季節계절)
李 자두 리(行李행리)
秀 빼어날 수(優秀우수)

階 섬돌 계(階段계단)
陸 뭍 륙(陸地육지)

苦 괴로울 고(苦難고난)
若 만약 약(萬若만약)

孤 외로울 고(孤獨고독)
狐 여우 호(白狐백호)

困 곤할 곤(疲困피곤)
囚 가둘 수(囚人수인)
因 인할 인(因緣인연)

汨 빠질 골(汨沒골몰)
泊 쉴 박(宿泊숙박)

壞 무너질 괴(破壞파괴)
壤 흙 양(土壤토양)

勸 권할 권(勸善권선)
權 권세 권(權利권리)

攻 칠 공(攻擊공격)
切 끊을 절(切斷절단)
巧 공교로울 교(技巧기교)

寡 적을 과(多寡다과)
裏 속 리(表裏표리)
囊 주머니 낭(行囊행낭)

科 과정 과(科目과목)
料 헤아릴 료(料量료량)

拘 잡을 구(拘束구속)
抱 안을 포(抱擁포옹)

汲 물길을 급(汲水급수)
吸 마실 흡(呼吸호흡)

貴 귀할 귀(富貴부귀)
責 꾸짖을 책(責望책망)

斤 근 근(斤量근량)
斥 무리칠 척(排斥배척)

己 몸 기(自己자기)
已 이미 이(已往이왕)

瓜 오이 과(木瓜목과)
爪 손톱 조(爪牙조아)

肯 즐길 긍(肯定긍정)
背 등 배(背信배신)

棄 버릴 기(棄兒기아)
葉 잎 엽(落葉낙엽)

難 어려울 난(困難곤난)
離 떠날 리(離別이별)

納 들일 납(納入납입)
紛 어지러울 분(紛爭분쟁)

奴 종 노(奴隷노예)
如 같을 여(如一여일)

短 짧을 단(短劍단검)
矩 법 구(矩步구보)

旦 일찍 단(元旦원단)
且 또 차(且置차치)

端 단정할 단(端正단정)
瑞 상서로울 서(瑞光서광)

貸 빌릴 대(轉貸전대)
賃 품삯 임(賃金임금)

代 대신할 대(代用대용)
伐 칠 벌(討伐토벌)

領 거느릴 령(首領수령)
頒 나눌 반(頒布반포)
頌 칭송할 송(頌歌송가)

待 기다릴 대(期待기대)
侍 모실 시(侍女시녀)

戴 일 대(負戴부대)
載 실을 재(積載적재)

徒 걸어다닐 도(徒步도보)
徙 옮길 사(移徙이사)

都 도읍 도(首都수도)
部 나눌 부(部分부분)

蹈 밟을 도(舞蹈무도)
踏 밟을 답(踏襲답습)

卵 알 란(鷄卵계란)
卯 토끼 묘(卯時묘시)

剌 고기뛰는소리 랄(潑剌발랄)
刺 찌를 자(刺戟자극)

憐 가련할 련(憐憫연민)
隣 이웃 린(隣近인근)

輪 바퀴 륜(輪廻윤회)
輸 실어낼 수(輸出수출)

暮 저물 모(日暮일모)
募 모을 모(募集모집)
慕 사모할 모(思慕사모)

栗 밤 률(栗木율목)
粟 조 속(粟豆속두)

理 다스릴 리(倫理윤리)
埋 묻을 매(埋葬매장)

漠 사막 막(沙漠사막)
模 법 모(模範모범)

幕 장막 막(天幕천막)
墓 무덤 묘(墓地묘지)

末 끝 말(末路미로)
未 아닐 미(未來미래)

昧 어두울 매(三昧삼매)
味 맛 미(味覺미각)

眠 쉴 면(睡眠수면)
眼 눈 안(眼目안목)

免 면할 면(免除면제)
兎 토끼 토(兎皮토피)

鳴 울 명(悲鳴비명)
嗚 탄식할 오(嗚咽오열)

母 어미 모(母情모정)
毋 말 무(毋論무론)
貫 꿸 관(貫句관구)

150

侮 업신여길 모(侮辱모욕)
悔 뉘우칠 회(後悔후회)

罰 벌줄 벌(罰金벌금)
罪 죄 죄(犯罪범죄)

沐 목욕할 목(沐浴목욕)
休 쉴 휴(休息휴식)

壁 벽 벽(土壁토벽)
璧 둥근옥 벽(完璧완벽)

戊 다섯째천간 무(戊時무시)
戍 수자리 수(戍樓수루)
戌 개 술(甲戌年갑술년)

變 변할 변(變化변화)
燮 화할 섭(燮理섭리)

微 작을 미(微笑미소)
徵 부를 징(徵集징집)

辨 분별할 변(辨明변명)
辦 힘쓸 판(辦公費판공비)

拍 손뼉칠 박(拍手박수)
栢 잣나무 백(冬栢동백)

博 넓을 박(博士박사)
傅 스승 부(師傅사부)
傳 전할 전(傳受전수)

薄 엷을 박(薄明박명)
簿 장부 부(帳簿장부)

普 넓을 보(普通보통)
晋 나라 진(晋州진주)

迫 핍박할 박(逼迫핍박)
追 쫓을 추(追憶추억)

奉 받들 봉(奉養봉양)
奏 아뢸 주(演奏연주)

飯 밥 반(白飯백반)
飲 마실 음(飲料음료)

奮 떨칠 분(興奮흥분)
奪 빼앗을 탈(奪取탈취)

倣 본뜰 방(模倣모방)
做 지을 주(看做간주)

貧 가난할 빈(貧弱빈약)
貪 탐할 탐(貪慾탐욕)

番 차례 번(番號번호)
審 살필 심(審査심사)

氷 얼음 빙(解氷해빙)
永 길 영(永久영구)

士 선비 **사**(紳士신사)
土 흙 **토**(土地토지)

使 부릴 **사**(使用사용)
便 편할 **편**(簡便간편)

仕 벼슬 **사**(奉仕봉사)
任 맡길 **임**(任務임무)

捨 버릴 **사**(取捨취사)
拾 주을 **습**(拾得습득)

師 스승 **사**(恩師은사)
帥 장수 **수**(將帥장수)

思 생각할 **사**(思想사상)
惠 은혜 **혜**(恩惠은혜)

社 모일 **사**(會社회사)
祀 제사 **사**(祭祀제사)

査 조사할 **사**(調査조사)
杳 아득할 **묘**(杳然묘연)

衰 쇠할 **쇠**(衰退쇠퇴)
衷 속마음 **충**(衷心충심)
哀 슬플 **애**(哀惜애석)
表 드러날 **표**(表現표현)

涉 건널 **섭**(干涉간섭)
陟 오를 **척**(三陟삼척)

書 글 **서**(書房서방)
晝 낮 **주**(晝夜주야)
畵 그림 **화**(畵家화가)

雪 눈 **설**(殘雪잔설)
雲 구름 **운**(雲霧운무)

牲 희생 **생**(犧牲희생)
姓 일가 **성**(姓氏성씨)

恕 용서할 **서**(容恕용서)
怒 성낼 **노**(怒氣노기)

棲 살 **서**(棲息서식)
捷 이길 **첩**(大捷대첩)

析 쪼갤 **석**(分析분석)
折 꺾을 **절**(折枝절지)

晳 밝을 **석**(明晳명석)
哲 밝을 **철**(哲學철학)

惜 아낄 **석**(惜別석별)
借 빌 **차**(借用차용)

宣 베풀 **선**(宣傳선전)
宜 마땅할 **의**(便宜편의)

失 잃을 **실**(失敗실패)
矢 화살 **시**(嚆矢효시)
夭 일찍죽을 **요**(夭折요절)

俗 속될 속(俗世속세)
裕 넉넉할 유(餘裕여유)

損 덜 손(缺損결손)
捐 기부 연(義捐金의연금)

送 보낼 송(放送방송)
迭 바꿀 질(更迭갱질)

旋 돌 선(旋律선율)
施 베풀 시(實施실시)

唆 부추길 사(示唆시사)
悛 고칠 전(改悛개전)

塞 변방 새(要塞요새)
寒 찰 한(寒食한식)

撒 뿌릴 살(撒布살포)
徹 관철할 철(貫徹관철)

象 코끼리 상(象牙상아)
衆 무리 중(衆生중생)

識 알 식(識見식견)
織 짤 직(織物직물)
職 맡을 직(職位직위)

膝 무릎 슬(膝下슬하)
勝 이길 승(勝利승리)
騰 오를 등(騰落등락)

粹 순수할 수(精粹정수)
碎 부술 쇄(粉碎분쇄)

遂 이룩할 수(完遂완수)
逐 쫓을 축(驅逐구축)

授 줄 수(授受수수)
援 구원할 원(救援구원)

須 반드시 수(必須필수)
順 순할 순(順從순종)

伸 펼 신(伸張신장)
仲 버금 중(仲秋節중추절)

深 깊을 심(夜深야심)
探 더듬을 탐(探究탐구)

延 끌 연(延期연기)
廷 조정 정(朝廷조정)

緣 인연 연(因緣인연)
綠 초록빛 록(草綠초록)

沿 좇을 연(沿革연혁)
治 다스릴 치(政治정치)

鹽 소금 염(鹽田염전)
監 볼 감(監督감독)

營 경영할 영(經營경영)

螢 반딧불 형(螢光형광)

譽 명예 예(名譽명예)
擧 들 거(擧事거사)

汚 더러울 오(汚染오염)
汗 땀 한(汗蒸한증)

雅 우아할 아(優雅우아)
稚 어릴 치(幼稚유치)

謁 아뢸 알(謁見알현)
揭 들 게(揭示게시)

仰 우러를 앙(信仰신앙)
抑 누를 억(抑制억제)

厄 재앙 액(厄運액운)
危 위태할 위(危險위험)

冶 쇠불릴 야(陶冶도야)
治 다스릴 치(政治정치)

與 줄 여(授與수여)
興 일어날 흥(興亡흥망)

瓦 기와 와(瓦解와해)
互 서로 호(相互상호)

浴 목욕할 욕(浴室욕실)
沿 좇을 연(沿革연혁)

宇 집 우(宇宙우주)
字 글자 자(文字문자)

熊 곰 웅(熊膽웅담)
態 태도 태(世態세태)

園 동산 원(庭園정원)
圍 주위 위(周圍주위)

威 위엄 위(威力위력)
咸 다 함(咸集함집)

惟 생각할 유(思惟사유)
推 밀 추(推進추진)

幼 어릴 유(幼年유년)
幻 허깨비 환(幻想환상)

遺 남길 유(遺物유물)
遣 보낼 견(派遣파견)

玉 구슬 옥(珠玉주옥)
王 임금 왕(帝王제왕)
壬 북방 임(壬辰임진)

凝 엉길 응(凝結응결)
疑 의심할 의(疑心의심)

剩 남을 잉(剩餘잉여)
乘 탈 승(乘車승차)

子 아들 자(子孫자손)
子 외로울 혈(子子혈혈)

姿 모양 자(姿態자태)
恣 방자할 자(放恣방자)

暫 잠시 잠(暫時잠시)
漸 점점 점(漸次점차)
斬 부끄러울 참(無斬무참)

亭 정자 정(亭子정자)
享 누릴 향(享樂향락)
亨 형통할 형(亨通형통)

杖 지팡이 장(短杖단장)
枚 낱 매(枚擧매거)

齋 방 재(書齋서재)
齊 같을 제(一齊일제)

籍 서적 적(戶籍호적)
藉 빙자할 자(憑藉빙자)

睛 눈동자 정(眼睛안정)
晴 갤 청(晴天청천)

帝 임금 제(帝王제왕)
常 항상 상(常識상식)

早 일찍 조(早起조기)
旱 가물 한(旱災한재)

照 비출 조(照明조명)
熙 빛날 희(熙笑희소)

兆 조짐 조(前兆전조)
北 북녘 북(北極북극)

潮 조수 조(潮流조류)
湖 호수 호(湖畔호반)

措 둘 조(措處조처)
借 빌 차(借款차관)

尊 높을 존(尊敬존경)
奠 드릴 전(釋奠석전)

佐 도울 좌(補佐보좌)
佑 도울 우(天佑천우)

汁 진액 즙(果實汁과실즙)
什 열사람 십(什長십장)

捉 잡을 착(捕捉포착)
促 재촉할 촉(督促독촉)

責 꾸짖을 책(責望책망)
靑 푸를 청(靑史청사)

悤 바쁠 총(悤悤총총)
忽 소홀히할 홀(疏忽소홀)

追 따를 추(追究추구)

退 물러갈 퇴(退進퇴진)

推 밀 추(推薦추천)
堆 쌓을 퇴(堆肥퇴비)
椎 쇠몽둥이 추(椎骨추골)

蓄 쌓을 축(貯蓄저축)
畜 짐승 축(家畜가축)
充 가득할 충(充滿충만)
允 허락할 윤(允許윤허)

衝 부딪칠 충(衝突충돌)
衡 저울 형(均衡균형)

萃 모을 췌(拔萃발췌)
卒 군사 졸(卒兵졸병)

側 곁 측(側近측근)
測 헤아릴 측(測量측량)
惻 슬퍼할 측(惻隱측은)

飭 삼갈 칙(勤飭근칙)
飾 꾸밀 식(裝飾장식)

浸 적실 침(浸透침투)
沈 빠질 침(沈默침묵)
沒 빠질 몰(沒入몰입)

坦 평평할 탄(平坦편탄)
但 다만 단(但只단지)

湯 끓일 탕(湯藥탕약)
渴 목마를 갈(渴症갈증)

弊 폐단 폐(弊端폐단)
幣 비단 폐(幣帛폐백)
蔽 가릴 폐(隱蔽은폐)

爆 터질 폭(爆發폭발)
瀑 폭포 폭(瀑布폭포)

恨 한탄할 한(怨恨원한)
限 한정할 한(限界한계)
肛 똥구멍 항(肛門항문)
肝 간 간(肝腸간장)

幸 다행할 행(幸福행복)
辛 매울 신(辛辣신랄)

護 보호할 호(保護보호)
穫 거둘 확(收穫수확)
獲 얻을 획(獲得획득)

會 모을 회(會談회담)
曾 일찍 증(曾祖증조)

悔 뉘우칠 회(悔改회개)
梅 매화나무 매(梅花매화)

吸 마실 흡(呼吸호흡)
吹 불 취(鼓吹고취)
次 버금 차(次席차석)

뜻이 비슷하거나 반대되는 한자·한자어

1. 뜻이 비슷한 한자, 한자어

覺(각)-悟(오)	中(중)-央(앙)	間(간)-隔(격)	倉(창)-庫(고)
康(강)-健(건)	菜(채)-蔬(소)	牽(견)-引(인)	尺(척)-度(도)
揭(게)-揚(양)	淸(청)-潔(결)	顧(고)-傭(용)	淸(청)-淨(정)
恭(공)-敬(경)	層(층)-階(계)	恐(공)-怖(포)	捕(포)-獲(획)
貢(공)-獻(헌)	畢(필)-竟(경)	貫(관)-徹(철)	恒(항)-常(상)
貫(관)-通(통)	和(화)-睦(목)	饑(기)-饉(근)	皇(황)-帝(제)
飢(기)-餓(아)	敦(돈)-篤(독)	勉(면)-勵(려)	滅(멸)-亡(망)
茂(무)-盛(성)	返(반)-還(환)	附(부)-屬(속)	扶(부)-助(조)
墳(분)-墓(묘)	釋(석)-放(방)	洗(세)-濯(탁)	尋(심)-訪(방)
哀(애)-悼(도)	連(연)-繫(계)	連(연)-絡(락)	英(영)-特(특)
憂(우)-愁(수)	怨(원)-恨(한)	隆(융)-盛(성)	隆(융)-昌(창)
仁(인)-慈(자)	慈(자)-愛(애)	淨(정)-潔(결)	終(종)-了(료)
俊(준)-傑(걸)	俊(준)-秀(수)		

共鳴(공명)-首肯(수긍)　　　　　飢死(기사)-餓死(아사)

交涉(교섭)-折衝(절충)　　　　　驅迫(구박)-虐待(학대)

背恩(배은)−亡德(망덕) 寺院(사원)−寺刹(사찰)

書簡(서간)−書翰(서한) 俗世(속세)−塵世(진세)

視野(시야)−眼界(안계) 始祖(시조)−鼻祖(비조)

領土(영토)−版圖(판도) 五列(오열)−間諜(간첩)

威脅(위협)−脅迫(협박) 一毫(일호)−秋毫(추호)

蒼空(창공)−碧空(벽공) 天地(천지)−乾坤(건곤)

滯留(체류)−滯在(체재) 招待(초대)−招請(초청)

寸土(촌토)−尺土(척토) 漂泊(표박)−流離(유리)

2. 뜻이 반대인 한자, 한자어

干(방패 간)↔戈(창 과) 夫(지아비 부)↔妻(아내 처)

乾(하늘 건)↔坤(땅 곤) 浮(뜰 부)↔沈(가라앉을 침)

乾(마를 건)↔濕(습할 습) 盛(성할 성)↔衰(쇠할 쇠)

慶(경사 경)↔弔(조상할 조) 疎(드물 소)↔密(빽빽할 밀)

經(날 경)↔緯(씨 위) 首(머리 수)↔尾(꼬리 미)

姑(시어미 고)↔婦(아내 부) 需(쓸 수)↔給(줄 급)

勤(부지런할 근)↔怠(게으를 태) 昇(오를 승)↔降(내릴 강)

濃(짙을 농)↔淡(엷을 담) 紳(펼 신)↔縮(줄일 축)

旦(아침 단)↔夕(저녁 석) 深(깊을 심)↔淺(얕을 천)

貸(빌릴 대)↔借(빌 차) 安(편안할 안)↔危(위태로울 위)

矛(창 모)↔盾(방패 순) 愛(사랑 애)↔憎(미워할 증)

美(아름다울 미)↔醜(추할 추) 哀(슬플 애)↔歡(기쁠 환)

腹(배 복)↔背(등 배) 抑(누를 억)↔揚(드날릴 양)

榮(영화 영)↔辱(욕될 욕)

緩(느릴 완)↔急(급할 급)

優(넉넉할 우)↔劣(못할 렬)

隱(숨을 은)↔見(드러날 현)

任(맡길 임)↔免(면할 면)

雌(암컷 자)↔雄(수컷 웅)

長(어른 장)↔幼(어릴 유)

田(밭 전)↔畓(논 답)

早(이를 조)↔晩(늦을 만)

尊(높을 존)↔卑(낮을 비)

存(있을 존)↔亡(없을 망)

縱(세로 종)↔橫(가로 횡)

衆(무리 중)↔寡(적을 과)

眞(참 진)↔僞(거짓 위)

贊(도울 찬)↔反(반대할 반)

添(더할 첨)↔削(깎을 삭)

晴(갤 청)↔雨(비 우)

出(날 출)↔沒(빠질 몰)

親(친할 친)↔疎(성글 소)

表(겉 표)↔裏(속 리)

彼(저 피)↔此(이 차)

賢(어질 현)↔愚(어리석을 우)

好(좋을 호)↔惡(미워할 오)

禍(재앙 화)↔福(복 복)

厚(두터울 후)↔薄(엷을 박)

可決(가결) ↔ 否決(부결)

架空(가공) ↔ 實在(실재)

加熱(가열) ↔ 冷却(냉각)

却下(각하) ↔ 受理(수리)

剛健(강건) ↔ 柔弱(유약)

强硬(강경) ↔ 柔和(유화)

開放(개방) ↔ 閉鎖(폐쇄)

感情(감정) ↔ 理性(이성)

個別(개별) ↔ 全體(전체)

客觀(객관) ↔ 主觀(주관)

客體(객체) ↔ 主體(주체)

巨大(거대) ↔ 微小(미소)

巨富(거부) ↔ 極貧(극빈)

拒絕(거절) ↔ 承諾(승낙)

建設(건설) ↔ 破壞(파괴)

乾燥(건조) ↔ 濕潤(습윤)

傑作(걸작) ↔ 拙作(졸작)

儉約(검약) ↔ 浪費(낭비)

輕減(경감) ↔ 加重(가중)

經度(경도) ↔ 緯度(위도)

輕率(경솔) ↔ 愼重(신중)

輕視(경시) ↔ 重視(중시)

高雅(고아) ↔ 卑俗(비속)

固定(고정) ↔ 流動(유동)

高調(고조) ↔ 低調(저조)

供給(공급) ↔ 需要(수요)

空想(공상) ↔ 現實(현실)

過激(과격) ↔ 穩健(온건)

官尊(관존) ↔ 民卑(민비)

光明(광명) ↔ 暗黑(암흑)

巧妙(교묘) ↔ 拙劣(졸렬)

拘禁(구금) ↔ 釋放(석방)

拘束(구속) ↔ 放免(방면)

求心(구심) ↔ 遠心(원심)

君子(군자) ↔ 小人(소인)

屈服(굴복) ↔ 抵抗(저항)

權利(권리) ↔ 義務(의무)

僅少(근소) ↔ 過多(과다)

急性(급성) ↔ 慢性(만성)

急行(급행) ↔ 緩行(완행)

肯定(긍정) ↔ 否定(부정)

旣決(기결) ↔ 未決(미결)

奇拔(기발) ↔ 平凡(평범)

奇數(기수) ↔ 偶數(우수)

飢餓(기아) ↔ 飽食(포식)

緊密(긴밀) ↔ 疏遠(소원)

吉兆(길조) ↔ 凶兆(흉조)

樂觀(낙관) ↔ 悲觀(비관)

落第(낙제) ↔ 及第(급제)

樂天(낙천) ↔ 厭世(염세)

暖流(난류) ↔ 寒流(한류)

濫讀(남독) ↔ 精讀(정독)

濫用(남용) ↔ 節約(절약)

朗讀(낭독) ↔ 默讀(묵독)

內容(내용) ↔ 形式(형식)

老練(노련) ↔ 未熟(미숙)

濃厚(농후) ↔ 稀薄(희박)

能動(능동) ↔ 被動(피동)

多元(다원) ↔ 一元(일원)

單純(단순) ↔ 複雜(복잡)

單式(단식) ↔ 複式(복식)

短縮(단축) ↔ 延長(연장)

大乘(대승) ↔ 小乘(소승)

對話(대화) ↔ 獨白(독백)

都心(도심) ↔ 郊外(교외)

獨創(독창) ↔ 模倣(모방)

動機(동기) ↔ 結果(결과)

登場(등장) ↔ 退場(퇴장)

漠然(막연) ↔ 確然(확연)

忘却(망각) ↔ 記憶(기억)

滅亡(멸망) ↔ 隆興(융흥)

埋沒(매몰) ↔ 發掘(발굴)　　死後(사후) ↔ 生前(생전)

名譽(명예) ↔ 恥辱(치욕)　　削減(삭감) ↔ 添加(첨가)

無能(무능) ↔ 有能(유능)　　散文(산문) ↔ 韻文(운문)

物質(물질) ↔ 精神(정신)　　喪失(상실) ↔ 獲得(획득)

微官(미관) ↔ 顯官(현관)　　詳述(상술) ↔ 略述(약술)

敏速(민속) ↔ 遲鈍(지둔)　　生家(생가) ↔ 養家(양가)

密集(밀집) ↔ 散在(산재)　　生食(생식) ↔ 火食(화식)

反抗(반항) ↔ 服從(복종)　　先天(선천) ↔ 後天(후천)

放心(방심) ↔ 操心(조심)　　成熟(성숙) ↔ 未熟(미숙)

背恩(배은) ↔ 報恩(보은)　　消極(소극) ↔ 積極(적극)

白髮(백발) ↔ 紅顏(홍안)　　所得(소득) ↔ 損失(손실)

凡人(범인) ↔ 超人(초인)　　疎遠(소원) ↔ 親近(친근)

別居(별거) ↔ 同居(동거)　　淑女(숙녀) ↔ 紳士(신사)

保守(보수) ↔ 進步(진보)　　順行(순행) ↔ 逆行(역행)

本業(본업) ↔ 副業(부업)　　靈魂(영혼) ↔ 肉體(육체)

富貴(부귀) ↔ 貧賤(빈천)　　憂鬱(우울) ↔ 明朗(명랑)

富裕(부유) ↔ 貧窮(빈궁)　　連敗(연패) ↔ 連勝(연승)

否認(부인) ↔ 是認(시인)　　偶然(우연) ↔ 必然(필연)

分析(분석) ↔ 綜合(종합)　　恩惠(은혜) ↔ 怨恨(원한)

分爭(분쟁) ↔ 和解(화해)　　依他(의타) ↔ 自立(자립)

不運(불운) ↔ 幸運(행운)　　異端(이단) ↔ 正統(정통)

非番(비번) ↔ 當番(당번)　　人爲(인위) ↔ 自然(자연)

非凡(비범) ↔ 平凡(평범)　　立體(입체) ↔ 平面(평면)

悲哀(비애) ↔ 歡喜(환희)　　自動(자동) ↔ 手動(수동)

自律(자율) ↔ 他律(타율)

自意(자의) ↔ 他意(타의)

低俗(저속) ↔ 高尙(고상)

敵對(적대) ↔ 友好(우호)

絕對(절대) ↔ 相對(상대)

漸進(점진) ↔ 急進(급진)

整肅(정숙) ↔ 騷亂(소란)

正午(정오) ↔ 子正(자정)

定着(정착) ↔ 漂流(표류)

弔客(조객) ↔ 賀客(하객)

直系(직계) ↔ 傍系(방계)

眞實(진실) ↔ 虛僞(허위)

質疑(질의) ↔ 應答(응답)

斬新(참신) ↔ 陳腐(진부)

淺學(천학) ↔ 碩學(석학)

縮小(축소) ↔ 擴大(확대)

快樂(쾌락) ↔ 苦痛(고통)

快勝(쾌승) ↔ 慘敗(참패)

好況(호황) ↔ 不況(불황)

退化(퇴화) ↔ 進化(진화)

敗北(패배) ↔ 勝利(승리)

虐待(학대) ↔ 優待(우대)

合法(합법) ↔ 違法(위법)

好材(호재) ↔ 惡材(악재)

好轉(호전) ↔ 逆轉(역전)

興奮(흥분) ↔ 安靜(안정)

興奮(흥분) ↔ 鎭靜(진정)

사자성어

가가호호(家家戶戶) 집집마다.

가담항설(街談巷說) 길거리에 떠도는 소문. 가담항어(街談巷語)

가렴주구(苛斂誅求) 세금 같은 것을 가혹하게 받아 국민을 못 살게 구는 일.

가인박명(佳人薄命) 여자의 용모가 아름다우면 운명이 기박하다는 말.

각골난망(刻骨難忘) 은혜를 고맙게 여기는 마음이 뼛속까지 사무쳐 잊혀지지 아니함.

각주구검(刻舟求劍) 지나치게 고지식하여 경우에 맞지 않는 일을 한다는 뜻.

간담상조(肝膽相照) 서로의 마음을 터놓고 격의 없이 지내는 사이라는 뜻.

감언이설(甘言利說) 남의 비위에 들도록 꾸미거나 이로운 조건을 내세워 속이는 말.

감지덕지(感之德之) 몹시 고맙게 여김.

감탄고토(甘呑苦吐) 달면 삼키고 쓰면 뱉는다는 말로, 이로울 때는 이용하고 필요 없을 때는 괄시하는 것을 말함.

갑남을녀(甲男乙女) 보통 평범한 남녀.

갑론을박(甲論乙駁) 자기의 주장을 세우고 남의 주장을 반박함.

강구연월(康衢煙月) 태평한 시대의 평화로운 풍경.

개과천선(改過遷善) 지나간 허물을 고치고 착하게 됨.

개관사정(蓋棺事定) 죽은 뒤에야 사람의 참다운 평가가 내려진다는 말.

거두절미(去頭截尾) 앞뒤의 잔 사설을 빼놓고 요점만을 말함.

거안사위(居安思危) 편안히 살 때 닥쳐올 위태로움을 생각함.

건곤일척(乾坤一擲) 흥망 성패를 걸고 단판 싸움을 함.

격물치지(格物致知) 사물의 이치를 구명하여 자기의 지식을 확고하게 함.

격세지감(隔世之感) 딴 세대와 같이 많은 변화가 있었음을 비유하는 말.

격화소양(隔靴搔痒) 신을 신은 채 발바닥을 긁음. 일의 효과를 나타내지 못함.

견강부회(牽强附會) 이치에 맞지 않는 말을 억지로 끌어 붙여 자기 주장의 조건에
맞도록 함.

견리사의(見利思義) 눈앞에 이익이 보일 때 의리를 생각함.

견물생심(見物生心) 물건을 보면 욕심이 생김.

견원지간(犬猿之間) 개와 원숭이 사이로 사이가 몹시 나쁨.

견토지쟁(犬兎之爭) 개와 토끼가 쫓고 쫓기다가 둘이 다 지쳐 죽어 제삼자가 이익을
본다는 뜻. 漁父之利(어부지리), 방휼지쟁(蚌鷸之爭)

결의형제(結義兄弟) 남남끼리 형과 아우의 의를 맺음.

결자해지(結者解之) 자기가 저지른 일은 자기가 해결해야 함.

결초보은(結草報恩) 죽어 혼령이 되어서라도 은혜를 잊지 않고 갚음.

겸양지덕(謙讓之德) 겸손한 태도와 사양하는 덕.

경거망동(輕擧妄動) 경솔하고 분수에 없는 행동을 함.

경국지색(傾國之色) 뛰어나게 아름다운 미인을 일컫는 말.

경국지재(經國之才) 나라를 다스릴 만한 재주를 가진 사람.

경세제민(經世濟民) 세상을 잘 다스려 백성을 다스리기에 열심히 함.

경전하사(鯨戰蝦死) 고래 싸움에 새우 등 터진다는 뜻.

계란유골(鷄卵有骨) 달걀 속에도 뼈가 있다. 뜻밖의 장애물이 생김을 이르는 말.

계명구도(鷄鳴狗盜) 닭 울음과 개 흉내를 내는 도둑. 행세하는 사람이 배워서는 아
니 될 천한 기능을 가진 사람.

고고지성(呱呱之聲) 아기가 세상에 처음 나오면서 내는 울음소리.

고군분투(孤軍奮鬪) 남의 도움을 받지 아니하고 힘에 벅찬 일을 잘 해냄.

고대광실(高臺廣室) 규모가 굉장히 크고 좋은 집. ↔ 수간모옥(數間茅屋)

고두사죄(叩頭謝罪) 머리를 조아려 사죄함.

고량진미(膏粱珍味) 살찐 고기와 좋은 곡식으로 만든 맛있는 음식. 진수성찬(珍羞盛饌)

고립무원(孤立無援) 고립되어 구원을 받을 데가 없음, 진퇴유곡(進退維谷)

고복격양(鼓腹擊壤) 태평세월임을 표현한 말. 배를 두드리면서 땅을 침.

고신원루(孤臣冤淚) 외로운 신하의 원통한 눈물.

고육지계(苦肉之計) 적을 속이기 위해, 자신의 희생을 무릅쓰고 꾸미는 계책.

고장난명(孤掌難鳴) 손바닥 하나로는 소리가 나지 않는다는 뜻으로 혼자 힘으로 일
하기 어렵다는 말.

고주일배(苦酒一杯) 쓴 술 한 잔이라는 뜻으로 대접하는 술을 겸손하게 이르는 말.

고진감래(苦盡甘來) 괴로움이 다하면 즐거움이 온다. ↔ 興盡悲來(흥진비래)

곡학아세(曲學阿世) 진리에 벗어난 학문을 닦아 세상 사람들에게 아부함.

골육상잔(骨肉相殘) 같은 혈족끼리 서로 다투고 해하는 것, 골육상쟁(骨肉相爭)

공경대부(公卿大夫) 삼공과 구경 등 벼슬이 높은 사람들.

공명정대(公明正大) 마음이 공명하며, 조금도 사사로움이 없이 바름.

공전절후(空前絶後) 비교할 만한 것이 이전이나 이후에도 없을 것으로 생각됨, 전무
후무(前無後無). 곧 비할 데가 없이 훌륭함.

공중누각(空中樓閣) 근거 없는 가공의 사물. 진실성과 현실성이 없는 일이나 생각.

공평무사(公平無私) 공평하여 사사로움이 없음.

과대망상(誇大妄想) 턱없이 과장하여 그것을 믿는 망령된 생각.

과유불급(過猶不及) 정도를 지나침은 미치지 못한 것과 같음, 과여불급 (過如不及)

관포지교(管鮑之交) 옛날 중국의 관중과 포숙처럼 친구 사이의 깊은 우정을 이르는
말. 문경지교(刎頸之交), 금란지교(金蘭之交), 백아절현(伯牙絶絃)

괄목상대(刮目相對) 눈을 비비고 자세히 본다는 뜻으로, 상대방의 학문이 부쩍 는
것을 칭찬하는 말.

교각살우(矯角殺牛) 뿔을 고치려다 소를 죽임. 작은 일에 힘쓰다 큰일을 망친다는 말.

교교월색(皎皎月色) 매우 희고 맑은 달빛, 휘영청 밝은 달빛.

교언영색(巧言令色) 교묘한 말과 얼굴빛으로 남의 환심을 사려함.

교우이신(交友以信) 믿음으로써 벗을 사귐.

교학상장(敎學相長) 가르쳐주거나 배우거나 다 나의 학업을 증진시킨다는 뜻.

구곡간장(九曲肝腸) 굽이굽이 사무친 마음속, 또는 시름이 쌓이고 쌓인 마음.

구국간성(救國干城) 나라를 구하여 지키는 믿음직한 군인이나 인물.

구사일생(九死一生) 죽을 고비를 벗어나 겨우 살아남.

구상유취(口尙乳臭) 아직 어리고 유치한 짓을 하는 사람.

구우일모(九牛一毛) 많은 것 가운데서 극히 적은 것을 말함. 창해일속(滄海一粟)

구한감우(久旱甘雨) 오랜 가뭄 끝에 내리는 단비.

국사무쌍(國士無雙) 한 나라에 둘이 없는 인물. 둘도 없는 뛰어난 인물을 가리킴.

군계일학(群鷄一鶴) 평범한 사람 가운데 아주 뛰어난 한 사람.

군령태산(軍令泰山) 군대의 명령은 태산같이 무거움.

군맹무상(群盲撫象) 여러 맹인이 코끼리를 더듬는다. 즉 자기의 좁은 소견과 주관으
로 사물을 그릇 판단함. 군맹평상(群盲評象)

군신유의(君臣有義) 임금과 신하 사이에는 의리가 있다.

군웅할거(群雄割據) 많은 영웅들이 각지에 자리 잡고 서로 세력을 다툼.

군위신강(君爲綱綱) 신하는 임금을 섬기는 것이 근본이다.

군자삼락(君子三樂) 군자의 3가지 낙으로 첫째, 부모가 생존하고 형제가 무고한 것.
둘째, 하늘과 사람에게 부끄러워할 것이 없는 것. 셋째, 천하의
영재를 얻어서 교육하는 것을 말함.

궁여지책(窮餘之策) 막다른 골목에서 그 국면을 타개하려고 생각다 못해 짜낸 꾀.

권모술수(權謀術數) 목적 달성을 위해서는 인정이나 도덕을 가리지 않고 권세와 모
략중상 등 갖은 방법과 수단을 쓰는 술책.

권불십년(權不十年) 권세는 십 년을 넘기지 못함.

권선징악(勸善懲惡) 착한 행실을 권장하고 악한 행실을 징계함.

권토중래(捲土重來) 한 번 실패에 굴하지 않고 몇 번이고 다시 일어나 쳐들어감.

극기복례(克己復禮)	자기 욕망과 싸워서 이기고 예로 돌아가는 것이 인(仁)이다.
근묵자흑(近墨者黑)	먹을 가까이 하면 검어진다는 말로, 나쁜 친구와 사귀면 나빠지기 쉬움. 근주자적(近朱者赤)
금과옥조(金科玉條)	금이나 옥같이 귀중한 법칙이나 규정.
금란지계(金蘭之契)	친구 사이의 우의가 두터움.
금상첨화(錦上添花)	좋고 아름다운 것 위에 더 좋은 것을 더함. ↔ 설상가상(雪上加霜)
금석맹약(金石盟約)	쇠와 돌같이 굳게 맹세해 맺은 약속. 금석지교(金石之交)
금시초문(今時初聞)	이제야 비로소 처음 들음.
금의야행(錦衣夜行)	비단 옷을 입고 밤에 다닌다. 성공은 했지만 아무런 효과를 내지 못하는 것.
금의환향(錦衣還鄉)	타향에서 크게 성공하여 비단 옷을 입고 고향으로 돌아옴.
금지옥엽(金枝玉葉)	임금의 자손이나 집안의 귀여운 자손을 소중히 일컫는 말.
기고만장(氣高萬丈)	일이 뜻대로 되어 씩씩한 기운이 대단하게 뻗침.
기사회생(起死回生)	다 죽게 되었다가 다시 살아남.
기상천외(奇想天外)	보통 사람이 쉽게 짐작할 수 없을 정도로 엉뚱하고 기발한 생각.
기암괴석(奇巖怪石)	기묘하게 생긴 바위.
기진맥진(氣盡脈盡)	기운과 의지력이 다하여 스스로 가누지 못할 만한 지경에 이름.
낙락장송(落落長松)	가지가 축 늘어진 큰 소나무.
난공불락(難攻不落)	공격하기가 어려워 쉽사리 함락되지 않음.
난의포식(暖衣飽食)	따뜻한 옷을 입고 음식을 배불리 먹어 생활에 불편함이 없음.
난중지난(難中之難)	어려운 일 가운데서도 가장 어려운 일. 몹시 어려운 일을 뜻함.
난형난제(難兄難弟)	어느 것이 낫고 어느 것이 못하다고 할 수 없음. 막상막하(莫上莫下)
남가일몽(南柯一夢)	꿈과 같이 헛된 한때의 헛된 부귀영화. 일장춘몽(一場春夢)
남녀노소(男女老少)	남자와 여자, 늙은이와 젊은이. 모든 사람.
남부여대(男負女戴)	남자는 지고 여자는 인다. 가난에 시달린 사람들이 살 곳을 찾아 떠돌아다니며 사는 것을 말함.

낭중지추(囊中之錐) 주머니 속에 든 송곳. 재주가 뛰어난 사람은 숨어 있어도 저절로 사람들이 알게 됨.

내우외환(內憂外患) 나라 안팎의 근심 걱정.

내유외강(內柔外剛) 사실은 마음이 약한데도, 외부에는 강하게 나타남.

노기충천(怒氣沖天) 화난 기색이 하늘을 찌를 듯이 극에 달한 것.

노당익장(老當益壯) 늙어서도 더욱 기운이 씩씩함.

노래지희(老萊之戲) 주나라의 노래자(老萊子)가 약 칠십 세 때 색동옷을 입고 동자의 모습으로 재롱을 부려 부모님에게 매우 효도했다는 뜻.

노불습유(路不拾遺) 길에 떨어져 있는 남의 물건을 줍지 않는다는 뜻.

노심초사(勞心焦思) 몹시 마음을 졸이는 것.

녹수청산(綠水靑山) 푸른 물과 푸른 산.

녹음방초(綠陰芳草) 우거진 나무 그늘과 아름답게 우거진 풀, 여름철의 자연 경치를 가리키는 말.

녹의홍상(綠衣紅裳) 연두 저고리에 다홍치마. 곱게 차려 입은 젊은 아가씨의 복색.

논공행상(論功行賞) 세운 공을 논하여 상을 줌.

농장지경(弄璋之慶) 아들을 낳은 기쁨. 弄璋之喜(농장지희)

뇌성벽력(雷聲霹靂) 우레 소리와 벼락.

누란지위(累卵之危) 달걀을 쌓아 놓은 것과 같이 매우 위태함.

다다익선(多多益善) 많으면 많을수록 좋음.

다문박식(多聞博識) 견문이 넓고 학식이 많음.

다정불심(多情佛心) 다정다감하고 착한 마음.

단기지교(斷機之敎) 학문을 중도에 그만둠은 짜던 베를 끊는 것이라는 맹자 어머니의 교훈. 단지지계(斷機之誡)

단도직입(單刀直入) 혼자 칼을 휘두르며 적진으로 쳐들어감. 요점으로 바로 들어감.

단사표음(單食瓢飮) 도시락 밥과 표주박 물. 변변치 못한 살림을 가리키는 뜻으로 청빈한 생활을 말함. 단표누항(單瓢陋巷), 단식두갱(單食豆羹)

단순호치(丹脣皓齒) 붉은 입술과 하얀 이란 뜻에서 여자의 아름다운 얼굴을 이르는 말. 주안옥치(朱顔玉齒), 명모호치(明眸皓齒), 화용월태(花容月態)

단표누항(簞瓢陋巷) 도시락과 표주박과 누추한 마을이라는 뜻. 소박한 시골 살림을 비유한 말.

당구풍월(堂狗風月) 서당 개 삼 년에 풍월을 읊는다는 뜻으로, 무식한 자도 유식한 자와 같이 있으면 다소 유식해진다는 뜻.

대경실색(大驚失色) 몹시 놀라 얼굴빛을 잃다.

대기만성(大器晚成) 크게 될 인물은 늦게 이루어진다.

대동소이(大同小異) 대체로 같고 조금 다르다.

대대손손(代代孫孫) 대대로 내려오는 자손.

대서특필(大書特筆) 특히 드러나게 큰 글자로 적어 표시함.

대의명분(大義名分) 인류의 큰 의를 밝히고 분수를 지켜 정도에 어긋나지 않도록 함.

대의멸친(大義滅親) 대의를 위해 부자의 정도 희생시킴. 국가 사회의 큰일을 위해 사사로운 정을 희생함을 뜻함.

도원결의(桃園結義) 복숭아나무 정원에서 의형제 결의를 함.《삼국지》의 유비, 관우, 장비의 의형제 맺음을 말함.

도탄지고(塗炭之苦) 진구렁이나 숯불에 빠짐. 백성들이 몹시 고생스러움을 말함.

독불장군(獨不將軍) 남의 의견을 묵살하고 저 혼자 일을 처리해 나가는 사람.

독서망양(讀書亡羊) 책을 읽다가 양을 잃어버림. 다른 일에 정신을 빼앗겨 중요한 일을 소홀히 함.

독서삼매(讀書三昧) 딴 생각은 하지 않고 오직 책을 읽는 데에만 골몰한 경지.

독야청청(獨也靑靑) 홀로 푸르다는 말로, 높은 절개를 뜻함.

동가홍상(同價紅裳) 같은 값이면 다홍치마.

동고동락(同苦同樂) 괴로움과 즐거움을 함께함.

동량지재(棟樑之材) 기둥이나 들보가 될 만한 훌륭한 인재. 한 집이나 한 나라의 큰 일을 맡을 만한 사람.

동문서답(東問西答) 묻는 말에 대하여 전혀 엉뚱한 대답을 하는 것.

동문수학(同門受學) 한 스승 밑에서 학문을 닦고 배우는 것, 동문동학(同門同學)

동병상련(同病相憐) 같은 처지에 있는 사람끼리 서로 동정함.

동분서주(東奔西走) 사방으로 바쁘게 돌아다님.

동빙한설(凍氷寒雪) 얼음이 얼고 눈보라가 치는 추위.↔화풍난양(和風暖陽)

동상이몽(同床異夢) 같은 잠자리에서 다른 꿈을 꿈. 곧 겉으로는 같이 행동하면서
속으로는 딴 생각을 가짐.

동선하로(冬扇夏爐) 겨울의 부채와 여름의 화로라는 말. 때에 맞지 아니하는 무용지
물을 비유하는 말.

동족방뇨(凍足放尿) 언 발에 오줌을 누어 녹인다는 말이니, 일시 구급은 되나 곧 효
력이 없어질 뿐 아니라 더 악화된다는 뜻.

두문불출(杜門不出) 세상과 인연을 끊고 출입을 하지 않음.

득의만면(得意滿面) 뜻한 바를 이루어 기쁜 표정이 얼굴에 가득함.

등하불명(燈下不明) 등잔 밑이 어둡다. 가까이 있는 것이 오히려 찾기가 어려움.

등화가친(燈火可親) 가을이 되어 서늘하면 밤에 불을 가까이 하여 글 읽기에 좋음.

마부위침(磨斧爲針) 아무리 이루기 힘든 일도 끊임없는 노력과 끈기 있는 인내로 성
공하고야 만다는 뜻.

마이동풍(馬耳東風) 쇠귀에 마파람. 남의 말을 귀담아듣지 아니하고 지나쳐 흘려버
림. 牛耳誦經(우이송경), 牛耳讀經(우이독경)

만화방창(萬化方暢) 따뜻한 봄날에 온갖 생물이 한창 피어나 자람.

막역지우(莫逆之友) 참된 마음으로 서로 거역할 수 없이 매우 친한 벗을 말함.

만경창파(萬頃蒼波) 만 갈래의 푸른 물결. 한없이 넓고 푸른 바다.

만고불후(萬古不朽) 영원히 썩지 아니하고 오래간다. 만고불멸(萬古不滅)

만고천추(萬古千秋) 천만 년의 오랜 세월, 곧 영원한 세월.

만고풍상(萬古風霜) 사는 동안에 겪은 많은 고생.

만리전정(萬里前程) 만리 같은 앞길. 젊은이의 희망에 찬 앞길을 비유해서 하는 말.

만사형통(萬事亨通)   일이 순탄하게 진행됨.

만산홍엽(滿山紅葉)   온 산이 단풍으로 붉게 물듦.

만수무강(萬壽無疆)   아무 탈 없이 오래오래 삶을 뜻하는 말로 손윗사람이나 존경하
는 분의 건강을 빌 때 주로 사용. 만세무강(萬世無疆)

만시지탄(晩時之嘆)   시기가 늦었음을 안타까워하는 탄식.

만추가경(晩秋佳景)   늦가을의 아름다운 경치.

만학천봉(萬壑千峯)   첩첩이 겹쳐진 수많은 골짜기와 수많은 봉우리.

망국지탄(亡國之歎)   망국에 대한 한탄. 망국지한(亡國之恨), 맥수지탄(麥秀之嘆)

망연자실(茫然自失)   넋이 나간 듯이 멍함.

망운지정(望雲之情)   자식이 타향에서 부모를 그리는 정. 망운지회(望雲之懷)

망자계치(亡子計齒)   죽은 자식 나이 세기. 즉 쓸데없는 일을 생각하며 애석하게 여김.

맹모삼천(孟母三遷)   맹자의 어머니가 자식의 교육을 위해 이사를 세 번 했다는 말로
교육과 환경의 중요성. →孟母三遷之敎의 준말.

멸문지화(滅門之禍)   한 집안이 다 죽음을 당하는 끔찍한 재화(災禍).

멸사봉공(滅私奉公)   사사로움을 버리고 공공을 위하여 힘써 일함.

명경지수(明鏡止水)   티끌 한 점 없는 밝은 거울이라는 데서 사념이 없는 아주 깨끗
한 마음을 뜻함.

명불허전(名不虛傳)   명예가 널리 퍼짐은 그만한 실상이 있어 퍼진다는 뜻.

명약관화(明若觀火)   불을 보는 듯이 환하게 분명히 알 수 있음. 불문가지(不問可知)

명명백백(明明白白)   아주 명백함.

명실상부(名實相符)   이름과 실상이 서로 들어맞음.

명재경각(命在頃刻)   거의 죽게 되어서 목숨이 곧 넘어갈 지경에 이름.

목불식정(目不識丁)   낫 놓고 기역자도 모를 만큼 아주 무식함.

목불인견(目不忍見)   차마 눈뜨고 볼 수 없는 참상이나 꼴불견.

무근지설(無根之說)   근거 없는 이야기, 헛소문.

무념무상(無念無想)   아무 잡념 없이 자기를 잊음.

무릉도원(武陵桃源) 신선이 살았다는 전설적인 중국의 명승지를 일컫는 말로 곧 속
세를 떠난 별천지.

무소불위(無所不爲) 못할 것이 없음.

무아도취(無我陶醉) 즐기거나 좋아하는 것에 정신이 쏠려 취하다시피 되어 자신을
잊어버리고 있는 상태. 무아지경(無我之境)

무용지물(無用之物) 쓸모없는 물건.

무위도식(無爲徒食) 아무 하는 일없이 먹기만 함.

무위자연(無爲自然) 사람의 힘을 들이지 아니한 그대로의 자연.

무주공산(無主空山) 인가도 인기척도 없는 쓸쓸한 산, 임자 없는 빈 산.

문방사우(文房四友) 서재에 꼭 있어야 할 네 벗. 즉 종이, 붓, 벼루, 먹을 말함.

문일지십(聞一知十) 한 가지를 들으면 열 가지를 앎. 총명하고 슬기가 뛰어남.

문전걸식(門前乞食) 남의 문 앞에 가서 빌어먹음.

문전성시(門前成市) 권세가 크거나 부자가 되어 집문 앞이 찾아오는 손님들로 마치
시장을 이룬 것 같음. 문정약시(門庭若市)

문전옥답(門前沃畓) 집 앞 가까이에 있는 좋은 논, 곧 많은 재산을 일컫는 말.

물각유주(物各有主) 무슨 물건이나 그것을 가질 사람은 따로 있다는 말.

물심일여(物心一如) 마음과 형체가 구분됨이 없이 하나로 일치한 상태.

물실호기(勿失好機) 좋은 기회를 놓치지 않음.

미사여구(美辭麗句) 아름다운 말과 고운 글귀.

미인박명(美人薄命) 미인은 흔히 불행하거나 병약하여 요절하는 일이 많다는 말.

미풍양속(美風良俗) 아름답고 좋은 풍속.

박이부정(博而不精) 넓게 알고 있으나 자세하지 못함.

박장대소(拍掌大笑) 손바닥을 치면서 크게 웃음.

반목질시(反目嫉視) 눈을 흘기면서 밉게 봄, 서로 미워하며 시기함.

반포지효(反哺之孝) 자식이 자라서 부모를 봉양함.

발본색원(拔本塞源) 폐단의 근원을 찾아서 아주 뽑아 없애버린다는 뜻.

배수지진(背水之陣) 필승을 기하여 목숨을 걸고 싸움.

배은망덕(背恩忘德) 은혜를 잊고 도리어 배반함.

배중사영(杯中蛇影) 잔 속에 비친 뱀 그림자. 쓸데없이 의심하여 근심을 만드는 일.

백년가약(百年佳約) 젊은 남녀가 한 평생을 함께 살자는 언약.

백년대계(百年大計) 먼 뒷날까지 걸친 원대한 계획.

백년하청(百年河淸) 중국의 황하가 언제나 흐리어 맑을 때가 없다는 말로, 이루어지
                 지 않을 일을 오래 두고 기다림.

백년해로(百年偕老) 부부가 화합하여 함께 늙도록 살아감.

백면서생(白面書生) 글만 읽고 세상일에 어두운 사람.

백발백중(百發百中) 무슨 일이든지 생각하는 대로 다 들어맞음.

백아절현(伯牙絶鉉) 백아는 자신의 거문고 소리를 바로 이해하던 친구 종자기가 죽
                 자 거문고 줄을 끊었다. 즉, 자기를 알아주는 참다운 벗의 죽음
                 을 슬퍼함을 뜻함.

백의종군(白衣從軍) 벼슬하지 않고 전쟁에 종군함.

백의천사(白衣天使) 흰옷을 입은 간호사를 일컫는 말.

백일승천(白日昇天) 대낮에 하늘로 올라간다 함이니 신선이 된다는 말.

백절불굴(百折不屈) 아무리 꺾으려고 해도 굽히지 않음. 百折不撓(백절불요)

보국안민(輔國安民) 나라를 도와 백성을 편하게 함.

복배지수(覆盃之水) 엎질러진 물로, 이미 저지른 일은 수습하게 어렵다는 말.

부부유별(夫婦有別) 부부 사이에는 각각 직분이 있어 서로 침범하지 못할 구별이 있음.

부전자전(父傳子傳) 아버지의 것이 아들에게 전해짐.

부지기수(不知其數) 너무 많아서 그 수효를 알 수가 없음.

부창부수(夫唱婦隨) 남편이 창을 하면 아내도 따라 하는 것. 부부 화합의 도리.

부화뇌동(附和雷同) 자기 생각이 없이 남이 하는 대로 그저 무턱대고 따라함.

북풍한설(北風寒雪) 몹시 차고 추운 겨울바람과 눈.

분골쇄신(粉骨碎身) 목숨을 걸고 최선을 다함.

분서갱유(焚書坑儒) 학자의 정치 비평을 금하고자 책을 불사르고, 유생들을 생매장함.

불가사의(不可思議) 사람의 생각으로는 미루어 알 수 없는 이상야릇함.

불로소득(不勞所得) 노동의 대가로 얻는 소득이 아님.

불모지지(不毛之地) 초목이 나지 않는 메마른 땅.

불사이군(不事二君) 한 사람이 두 임금을 섬기지 아니함.

불요불굴(不撓不屈) 한 번 결심한 마음이 흔들리거나 굽힘이 없이 억셈.

불원천리(不遠千里) 천리도 멀지 않게 생각함.

불철주야(不撤晝夜) 밤낮을 가리지 않음.

불치하문(不恥下問) 아랫사람에게 배우는 것을 부끄럽게 여기지 않음.

불편부당(不偏不黨) 어느 한편으로 치우치지 않고 중립의 태도를 지켜 아주 공평함.

붕우유신(朋友有信) 벗과 벗은 믿음이 있어야 한다.

비몽사몽(非夢似夢) 꿈인지 생시인지 어렴풋한 상태.

비분강개(悲憤慷慨) 슬프고 분한 느낌이 마음속에 가득 차 있음.

비승비속(非僧非俗) 이것도 저것도 아닌 어중간한 것을 비유하여 이르는 말.

비육지탄(脾肉之嘆) 가만히 놀고먹어 넓적다리에 살만 찐다고 한탄하는 말.

빈계지신(牝鷄之晨) 암탉이 울어서 새벽을 알린다는 것, 집안이 망할 징조라는 뜻.

빈천지교(貧賤之交) 가난하고 천한 지위에 있을 때의 사귐.

사고무친(四顧無親) 친척이 없어 의지할 곳 없이 외로움. 사고무인(四顧無人)

사군이충(事君以忠) 충성으로 임금을 섬김.

사면초가(四面楚歌) 한 사람도 도우려는 자가 없이 고립되어 곤경에 처해 있음.

사문난적(斯文亂賊) 유교, 특히 성리학에서 교리를 어지럽히고 사상에 어긋나는 언행으로 세상을 소란스럽게 하는 사람.

사분오열(四分五裂) 여러 쪽으로 찢어짐, 어지럽게 분열됨.

사불급설(駟不及舌) 소문이 삽시간에 퍼짐, 말조심하라는 뜻.

사상누각(砂上樓閣) 모래 위에 지은 집, 곧 헛된 것을 비유하는 말.

사생취의(捨生取義) 목숨을 버리고 의리를 좇음. 살신성인(殺身成仁)

사양지심(辭讓之心) 사양하거나 남에게 양보할 줄 아는 마음, 사단(四端)의 하나임.

사친이효(事親以孝) 효도로 부모를 섬김.

사통오달(四通五達) 길이나 교통망 통신망 등이 사방으로 막힘없이 통함.

사필귀정(事必歸正) 무슨 일이든지 결국은 옳은 대로 돌아간다는 뜻.

산자수명(山紫水明) 산이 아름답고 물이 맑음, 경치가 아름다움.

산전수전(山戰水戰) 산과 물에서의 전투를 다 겪음. 세상일에 경험이 많음.

산해진미(山海珍味) 산과 바다의 산물(産物)을 다 갖추어 썩 잘 차린 귀한 음식.

살생유택(殺生有擇) 산 것을 가려서 죽임.

살신성인(殺身成人) 절개를 지켜 목숨을 버림.

삼고초려(三顧草廬) 유비가 제갈공명을 세 번이나 찾아가 군사로 초빙한 데서 유래한 말로 '임금의 두터운 사랑을 입다.'라는 뜻.

삼라만상(森羅萬象) 우주 사이에 존재하는 온갖 사물과 현상.

삼삼오오(三三五五) 서너 사람 또는 너댓 사람이 여기저기 떼를 지어 다니다가 무슨 일을 하는 모양.

삼순구식(三旬九食) 한 달에 아홉 끼를 먹을 정도로 매우 빈궁한 생활.

삼인성호(三人成虎) 여러 사람이 거리에 범이 나왔다고 하면 참말로 곧이 듣게 된다. 근거 없는 말도 여러 사람이 하면 이를 믿게 된다는 뜻.

삼척동자(三尺童子) 키가 석 자에 불과한 자그만 어린애, 곧 어린아이.

삼천지교(三遷之敎) 맹자의 어머니가 아들의 교육을 위하여 세 번 거처를 옮겼다는 고사로, 생활환경이 교육에 있어 큰 구실을 함을 말함.

삼한사온(三寒四溫) 사흘은 춥고 나흘은 따뜻한 날씨.

상전벽해(桑田碧海) 뽕나무밭이 변하여 바다가 된다는 뜻으로, 세상일의 변천이 심하여 사물이 바뀜. 창해상전(滄海桑田), 격세지감(隔世之感)

새옹지마(塞翁之馬) 세상일은 복이 될지 화가 될지 예측할 수 없다는 말.

생구불망(生口不網) 산 사람의 목구멍에 거미줄 치지 않는다는 말.

선견지명(先見之明) 앞일을 미리 보아서 판단하는 총명.

선공후사(先公後私) 공적인 일을 먼저하고 사적인 일을 뒤로 미룸.

선남선녀(善男善女) 착한 남자와 여자.

설상가상(雪上加霜) 눈 위에 또 서리가 덮인다, 불행이 엎친 데 덮친 격.

설왕설래(說往說來) 서로 변론(辯論)을 주고받으며 옥신각신함.

설중송백(雪中松柏) 눈 속의 소나무와 잣나무. 지조와 절개가 높고 굳음을 말함.

섬섬옥수(纖纖玉手) 가냘프고 고운 여자의 손.

성자필쇠(盛者必衰) 한 번 성한 자는 반드시 쇠할 때가 있다는 뜻.

속수무책(束手無策) 어찌 할 도리 없이 꼼짝 못함.

송구영신(送舊迎新) 묵은해를 보내고 새해를 맞음.

수구초심(首邱初心) 여우가 죽을 때 고향 쪽으로 머리를 둔다는 뜻으로 고향을 생각
하는 마음, 타향에서 고향에 계신 어머니를 그리는 마음.

수복강녕(壽福康寧) 오래 살고 복되며, 몸이 건강하고 편안함.

수수방관(袖手傍觀) 팔짱을 끼고 본다, 어떤 일을 당하여 옆에서 보고만 있는 것.

수신제가(修身齊家) 행실을 닦고 집안을 바로잡음.

수오지심(羞惡之心) 불의를 부끄러워하고 착하지 못함을 미워할 줄 아는 마음.

수원수구(誰怨誰咎) 남을 원망하거나 책망할 것이 없음.

순결무구(純潔無垢) 마음과 몸가짐이 깨끗하여 조금도 더러운 티가 없음.

순망치한(脣亡齒寒) 입술이 없으면 이가 시리다는 말로, 자기가 의지하던 사람이 없
으면 다른 한쪽도 위험하다는 뜻.

승승장구(乘勝長驅) 싸움에서 이긴 기세를 타고 계속 적을 몰아침.

시시각각(時時刻刻) 시간이 흐름에 따라 시각마다.

시시비비(是是非非) 옳고 그름을 가리어 밝힘.

식자우환(識字憂患) 아는 것이 탈이라는 말로 학식이 있는 것이 도리어 근심을 사게
됨을 말함. 아는 것이 병이다.

신출귀몰(新出鬼沒) 귀신과 같이 홀연히 나타났다가 홀연히 사라짐.

실사구시(實事求是) 사실을 토대로 하여 진리를 구함.

실천궁행(實踐躬行) 말로 하지 않고 실천하며, 남에게 시키지 않고 몸소 행함.

심기일전(心機一轉) 어떤 계기로 그 전까지의 생각을 뒤집듯이 바꿈.

심사숙고(深思熟考) 깊이 생각하고 곧 신중을 기하여 곰곰이 생각함.

십시일반(十匙一飯) 열 사람이 한 술씩 보태면 한 사람 먹을 분량이 된다. 여러 사람
이 힘을 합하면 한 사람을 돕기는 쉽다는 말.

아비규환(阿鼻叫喚) 지옥 같은 고통에 못 견디어 구원을 부르짖는 소리.

아전인수(我田引水) 제 논에 물대기, 자기에게 유리하도록 행동하는 것.

악전고투(惡戰苦鬪) 죽을 힘을 다하여 몹시 싸움.

안면부지(顔面不知) 만난 일이 없어 얼굴을 모름, 또는 모르는 사람.

안분지족(安分知足) 편한 마음으로 제 분수를 지키며 만족을 앎. 안빈낙도(安貧樂道)

안중무인(眼中無人) 눈 속에 사람이 없다는 뜻으로, 스스로 교만하여 다른 사람을
업신여김. 안하무인(眼下無人)

암중모색(暗中摸索) 물건을 어둠 속에서 더듬어 찾음, 즉 어림으로 추측함.

앙천대소(仰天大笑) 하늘을 보며 크게 웃는 웃음.

애매모호(曖昧模糊) 사물의 이치가 희미하고 분명치 않음.

애지중지(愛之重之) 매우 사랑하고 귀중히 여김.

약방감초(藥房甘草) 무슨 일이나 빠짐없이 끼임, 반드시 끼어야 할 사물.

약육강식(弱肉强食) 약한 놈이 강한 놈에게 먹힘.

양상군자(梁上君子) 들보 위의 군자라는 뜻으로 도둑을 미화한 말.

어동육서(魚東肉西) 제사 음식을 진설할 때, 어찬(魚饌)은 동쪽에 육찬(肉饌)은 서쪽
에 놓는 순서.

어두육미(魚頭肉尾) 물고기는 머리 부분이, 짐승은 꼬리가 맛있다는 뜻.

어불성설(語不成說) 말이 이치에 맞지 않음.

언문일치(言文一致) 실제로 쓰는 말과 글이 꼭 같음.

언어도단(言語道斷) 어처구니가 없어 할 말이 없음.

언중유골(言中有骨) 예사로운 말 속에 깊은 뜻이 있는 것을 말함.

언즉시야(言則是也)　말이 사리에 맞음.

언행일치(言行一致)　말과 행동이 일치함.

엄동설한(嚴冬雪寒)　눈이 오는 몹시 추운 겨울.

여리박빙(如履薄氷)　엷은 얼음을 밟는 듯 매우 위험한 것을 뜻함.

여민동락(與民同樂)　임금과 백성이 함께 즐김.

역자교지(易子教之)　나의 자식과 남의 자식을 바꾸어 교육함으로, 부자(父子)의 사이
　　　　　　　　는 잘못을 꾸짖기 어렵다는 뜻.

연목구어(緣木求魚)　나무에 올라가 고기를 구함. 불가능한 일을 하고자 할 때를 비유.

연전연승(連戰連勝)　싸울 때마다 번번이 이김.

염량세태(炎凉世態)　권세가 있을 때는 아첨하여 좇고, 권세가 없어지면 푸대접하는
　　　　　　　　세속의 인심.

염화시중(拈華示衆)　마음에서 마음으로 전함.

영고성쇠(榮枯盛衰)　사람의 일생이 성(盛)하기도 하고 쇠(衰)하기도 한다는 뜻.

영만지구(盈滿之咎)　차면 기운다는 이치로 만사가 다 이루어졌을 때에는 도리어 화
　　　　　　　　를 가져옴을 비유.

오리무중(五里霧中)　오리나 되는 안개 속과 같이 희미하고 애매하여 길을 찾기 어려
　　　　　　　　움의 비유.

오매불망(寤寐不忘)　밤낮으로 자나 깨나 잊지 못함.

오비삼척(吾鼻三尺)　자기 사정이 다급하여 남에게 신경 쓸 여유가 없다.

오비이락(烏飛梨落)　까마귀 날자 배 떨어진다. 우연의 일치로 남의 의심을 받는 것.

오상고절(傲霜孤節)　서릿발 날리는 추위에도 굴하지 않고 외로이 지키는 절개. 국화
　　　　　　　　를 말함.

오월동주(吳越同舟)　오나라 사람과 월나라 사람이 한 배를 탐. 사이가 좋지 못한 사
　　　　　　　　람끼리도 자기의 이익을 위해서는 행동을 같이 함.

오합지졸(烏合之卒)　까마귀 떼가 모인 것처럼 질서도 통일도 없이 모인 무리. 어중
　　　　　　　　이떠중이 무리를 말함.

오장육부(五臟六腑) 내장의 총칭.

와신상담(臥薪嘗膽) 섶에 누워 쓸개를 씹는다. 원수를 갚고자 고생을 참고 견딤.

외허내실(外虛內實) 겉으로는 보잘것없으나 속으로는 충실함.

요조숙녀(窈窕淑女) 마음씨가 얌전하고 자태가 아름다운 여자.

요지부동(搖之不動) 흔들어도 꼼짝 않음.

용두사미(龍頭蛇尾) 시작은 굉장하고 훌륭하나 끝이 흐지부지하고 좋지 않음.

용미봉탕(龍尾鳳湯) 맛이 썩 좋은 음식을 가리키는 말.

용의주도(用意周到) 마음의 준비가 두루 미쳐 빈틈이 없음.

우공이산(愚公移山) 남이 보기엔 어리석은 일처럼 보이지만 한 가지 일을 끝까지 밀
고 나가면 언젠가는 목적을 달성할 수 있다는 뜻.

우문현답(愚問賢答) 어리석은 질문에 현명한 대답.

우순풍조(雨順風調) 비 오고 바람 부는 것의 때와 분량이 알맞음.

우왕좌왕(右往左往) 방향을 정하지 못하고 오락가락함.

우유부단(優柔不斷) 어물어물하기만 하고 딱 잘라 결단을 내리지 못함.

우이독경(牛耳讀經) 소귀에 경 읽기, 아무리 가르쳐도 깨닫지 못함을 비유함.

우후죽순(雨後竹筍) 비 온 뒤에 죽순이 나듯 어떤 일이 일시에 많이 일어나는 것.

원입골수(怨入骨髓) 원한이 뼛속까지 들어갔다는 말로, 사무친 원한을 말함.

월하노인(月下老人) 남녀의 인연을 맺어준다는 전설상의 노인.

위기일발(危機一髮) 거의 여유가 없는 위급한 순간.

유구무언(有口無言) 입은 있으나 말이 없다는 뜻으로 변명을 못 함을 이름.

유능제강(柔能制剛) 부드러운 것이 강한 것을 이김.

유리걸식(流離乞食) 고향을 떠나 정처 없이 떠돌아다니는 일.

유비무환(有備無患) 미리 준비가 있으면 뒷걱정이 없다는 뜻.

유아독존(唯我獨尊) 이 세상에는 나보다 더 높은 사람이 없다고 뽐냄.

유야무야(有耶無耶) 있는지 없는지 모르게 희미함.

유유상종(類類相從) 같은 무리 또는 종류끼리 서로 내왕하며 사귐.

유일무이(唯一無二) 오직 하나뿐 둘도 없음.

유언비어(流言蜚語) 근거 없는 좋지 못한 말.

유유자적(悠悠自適) 속세를 떠나 아무 속박 없이 조용하고 편안하게 삶.

유종지미(有終之美) 끝맺음을 잘 마무리하는 것.

음담패설(淫談悖說) 음탕하고 상스러운 이야기.

음덕양보(陰德陽報) 남모르게 덕을 쌓은 사람은 뒤에 그 보답을 절로 받음.

음풍농월(吟風弄月) 맑은 바람과 밝은 달을 노래함. 풍류를 즐긴다는 뜻.

읍참마속(泣斬馬謖) 눈물을 흘리며 제갈량이 마속을 베다. 사사로운 인정보다 공정
한 법집행을 한 것.

의기양양(意氣揚揚) 뜻대로 되어 으쓱거리는 기상이 펄펄하다.

의기충천(意氣衝天) 의기가 하늘을 찌를 듯함.

이구동성(異口同聲) 입은 다르되 소리가 같음.

이덕보원(以德報怨) 원한이 있는 자에게 보복하지 않고 도리어 은혜를 베풂.

이독제독(以毒制毒) 독을 없애는데 다른 독을 사용함.

이실직고(以實直告) 참으로써 바로 고함. 이실고지(以實告之)

이열치열(以熱治熱) 열로써 열을 다스림.

이왕지사(已往之事) 이미 지나간 일.

이용후생(利用厚生) 세상의 편리와 살림의 이익을 꾀하는 일.

이율배반(二律背反) 꼭 같은 근거를 가지고 정당하다고 주장되는 서로 모순 되는 두
명제, 또는 그 관계.

이이제이(以夷制夷) 오랑캐로 오랑캐를 제어함.

이전투구(泥田鬪狗) '진창에서 싸우는 개'의 뜻으로 명분이 서지 않는 일로 몰골 사
납게 싸움, 또는 굳은 의지와 투지의 사람을 뜻함.

인과응보(因果應報) 좋은 일에는 좋은 결과가, 나쁜 일에는 나쁜 결과가 따름.

인면수심(人面獸心) 얼굴은 사람이나 마음은 짐승과 다름없는 사람.

인명재천(人命在天) 사람의 목숨은 하늘에 달렸다.

인사불성(人事不省)　정신을 잃음.

인사유명(人死有名)　사람은 죽어도 이름은 남는다.

인산인해(人山人海)　사람이 헤아릴 수 없이 많이 모였음을 뜻하는 말.

인생무상(人生無常)　인생이 덧없음을 이르는 말.

인자무적(仁者無敵)　어진 사람에게는 적이 없음.

인자요산(仁者樂山)　어진 사람은 모든 일을 의리에 따라 행동이 진중하고 심중이 두
　　　　　　　　　터워 그 마음이 태산과 같으므로 산을 즐겨함.

인지상정(人之常情)　인간으로서 가지는 보통의 인정.

일각천금(一刻千金)　극히 짧은 시간도 천금같이 귀중하고 아까움.

일거양득(一擧兩得)　한 가지 일을 하여 두 가지의 이득을 봄. 일석이조(一石二鳥)

일망타진(一網打盡)　한꺼번에 모조리 다 잡음.

일문일답(一問一答)　한 가지 물음에 한 가지 대답을 함.

일부일처(一夫一妻)　한 남편에 한 아내만 있음.

일사불란(一絲不亂)　질서 정연하여 조금도 흔들림이 없음.

일사천리(一瀉千里)　말이나 일에 진행이 거침없이 빨리 죽죽 나감의 비유.

일석이조(一石二鳥)　한 가지 일에 두 가지 이로움을 얻음의 비유. 일거양득(一擧兩得)

일심동체(一心同體)　한 마음 한 몸, 곧 굳은 결속.

일어탁수(一魚濁水)　물고기 한 마리가 큰물을 흐리게 하듯 한 사람의 악행으로 인하
　　　　　　　　　여 여러 사람이 그 해를 받게 되는 것을 뜻함.

일언지하(一言之下)　말 한 마디로 끊음. 한 마디로 딱 잘라 말함.

일장춘몽(一場春夢)　인생의 영화(榮華)는 한바탕의 봄꿈과 같이 헛됨.

일조일석(一朝一夕)　하루 아침 하루 저녁, 짧은 시간의 비유.

일진광풍(一陳狂風)　한바탕 부는 사나운 바람.

일촉즉발(一觸卽發)　조금만 닿아도 곧 폭발할 것 같은 모양, 막 일이 일어날 듯한 위
　　　　　　　　　험한 지경.

일촌광음(一寸光陰)　아주 짧은 시간.

일취월장(日就月將) 날마다 달마다 발전함. 일진월보(日進月步)

일편단심(一片丹心) 한 조각의 붉은 마음으로 정성, 진심을 뜻함.

일확천금(一攫千金) 힘 안 들이고 한꺼번에 많은 재물을 얻음.

임기응변(臨機應變) 그때그때의 일의 형편에 따라서 변통성 있게 처리함.

임시방편(臨時方便) 필요에 따라 그때 그때 정해 일을 쉽고 편리하게 치를 수 있는
수단. 임시변통(臨時變通), 임시처변(臨時處變)

임전무퇴(臨戰無退) 싸움에 임하여 물러섬이 없음.

입신양명(立身揚名) 출세하여 자기의 이름이 세상에 드날리게 됨.

자가당착(自家撞着) 자기의 언행이 전후 모순되어 들어맞지 않음.

자강불식(自强不息) 스스로 힘쓰고 쉬지 아니함.

자격지심(自激之心) 제가 한 일에 대하여 스스로 미흡한 생각을 가짐.

자괴지심(自愧之心) 스스로 부끄럽게 여기는 마음.

자문자답(自問自答) 제가 묻고 제가 대답함.

자수성가(自手成家) 물려받은 재산이 없는 사람이 자신의 힘으로 한 살림을 이룩함.

자승자박(自繩自縛) 스스로 자기를 묶는다는 말로 자기가 자기를 망치게 한다는 뜻.

자아성찰(自我省察) 자기의 마음을 반성하여 살핌.

자업자득(自業自得) 자기가 저지른 일의 과보를 자기 자신이 받음.

자연도태(自然淘汰) 자연적으로 환경에 맞는 것은 남고 그렇지 못한 것은 없어짐.

자중자애(自重自愛) 스스로 자기 몸을 소중히 여기고 아낌.

자초지종(自初至終) 처음부터 끝까지의 동안이나 일.

자포자기(自暴自棄) 절망 상태에 빠져서 스스로 자신을 포기하여 돌아보지 아니함.

자화자찬(自畵自讚) 자기가 그린 그림을 칭찬한다는 말로 자기의 행위를 칭찬함.

작심삼일(作心三日) 한 번 결심한 것이 사흘을 가지 않음, 곧 결심이 굳지 못함.

장유유서(長幼有序) 어른과 아이는 차례가 있음.

적반하장(賊反荷杖) 도둑이 매를 든다는 뜻으로 잘못한 사람이 도리어 잘한 사람을
나무라는 모습.

적소성대(積小成大) 작은 것도 쌓이면 큰 것이 된다. → 티끌 모아 태산.

적수공권(赤手空拳) 맨손과 맨주먹, 즉 '아무것도 가진 것이 없다.'라는 뜻.

적자생존(適者生存) 생물이 외계의 형편에 맞는 것은 살고 그렇지 못한 것은 전멸하는 현상.

적재적소(適材適所) 알맞은 자리에 알맞은 인재를 등용함.

적진성산(積塵成山) 티끌 모아 태산.

적토성산(積土成山) 소량의 흙도 쌓이고 쌓이면 산악(山岳)이 된다는 뜻.

전대미문(前代未聞) 지금까지 들어본 일이 없는 새로운 일을 이르는 말.

전도양양(前途洋洋) 앞길이 바다와 같음, 장래가 매우 밝음.

전무후무(前無後無) 그 전에도 없었고 앞으로도 없음.

전인미답(前人未踏) 이제까지의 세상 사람 그 누구도 가보지 못함.

전전긍긍(戰戰兢兢) 매우 두려워하여 겁내는 모양.

전전반측(輾轉反側) 이리저리 뒤척이며 잠을 이루지 못함. 전전불매(輾轉不寐)

전화위복(轉禍爲福) 화를 바꾸어 복으로 한다. 궂은일을 당하였을 때 그것을 잘 처리하여 좋은 일이 되게 하는 것.

절차탁마(切嗟琢磨) 학문과 덕행을 닦음을 가리키는 말.

절치부심(切齒腐心) 몹시 분하여 이를 갈면서 속을 썩임.

점입가경(漸入佳境) 점점 더 재미있는 경지로 들어감.

정문일침(頂門一鍼) 정수리에 침을 준다, 잘못의 급소를 찔러 충고하는 것.

정저지와(井底之蛙) 우물 안 개구리, 견문이 좁고 세상 물정을 모름.

제자백가(諸子百家) 춘추 전국시대의 학자와 학설.

제세안민(濟世安民) 세상을 구제하고 백성을 편안하게 함.

조강지처(糟糠之妻) 가난을 참고 고생을 같이하며 남편을 섬긴 아내.

조삼모사(朝三募四) 간사한 꾀로 사람을 속여 희롱함.

조족지혈(鳥足之血) 새 발의 피라는 뜻으로 매우 적은 분량을 이르는 말.

종두득두(種豆得豆) 원인에 따라 결과가 나옴.

좌고우면(左顧右眄) 좌우를 자주 둘러본다는 뜻으로, 무슨 일에 얼른 결정을 짓지
못함을 비유함.

좌불안석(坐不安席) 불안·초조·공포 따위로 한자리에 진득하게 앉아 있지 못함.

좌정관천(坐井觀天) 우물 안 개구리, 세상 물정을 너무 모름.

좌충우돌(左衝右突) 이리저리 마구 치고 받음.

주객전도(主客顚倒) 주인과 손님의 입장이 뒤바뀐 것.

주경야독(晝耕夜讀) 낮에는 밭을 갈고 밤에는 글을 읽음.

주과포혜(酒果脯醯) 술, 과일, 포, 식혜. 곧 제사에 쓰는 음식.

주마가편(走馬加鞭) 달리는 말에 채찍을 더한다는 뜻으로 잘하는 사람에게 더 잘하
도록 함.

주마간산(走馬看山) 달리는 말에서 산을 본다는 말로 스치듯 지나침을 뜻함.

주야장천(晝夜長川) 밤낮으로 쉬지 않고 늘 잇달음.

죽장망혜(竹杖芒鞋) 가장 간단한 보행이나 여행의 차림.

주지육림(酒池肉林) 술은 못을 이루고 고기는 숲을 이룬다는 뜻으로, 매우 호화스럽
고 방탕한 생활을 뜻함.

죽마고우(竹馬故友) 죽마를 타고 놀던 벗, 곧 어릴 때 같이 놀던 친한 친구.

중구난방(衆口難防) 뭇사람의 말을 이루 다 막기는 어렵다는 뜻.

중언부언(重言復言) 한 말을 자꾸 되풀이함.

중용지도(中庸之道) 마땅하고 떳떳한 도리, 극단에 치우치지 않고 평범함.

지란지교(芝蘭之交) 벗 사이에 좋은 감화를 주고받으며 서로 이끌어가는 고상한 교제.

지록위마(指鹿爲馬) 사슴을 가리켜 말이라고 우긴다는 뜻으로, 위압으로 남을 바보
로 만들거나 그릇된 일로 남을 속여 죄에 빠뜨리는 일을 말함.

지리멸렬(支離滅裂) 이리저리 체계가 없이 흩어져 갈피를 잡을 수 없음.

지성감천(至誠感天) 지극한 정성에 하늘이 감동함.

지자요수(智者樂水) 지혜로운 사람은 흐르는 물을 좋아함.

지족불욕(知足不辱) 모든 일에 분수를 알고 만족하게 생각하면 모욕을 받지 않는다.

지척천리(咫尺千里) 서로 지척같이 가까운데 있으나 소식이 없는 고로 서로의 거리가 천리나 되는 것과 같다는 뜻.

지피지기(知彼知己) 저쪽 형편도 알고 자기네 형편도 앎.

지필연묵(紙筆硯墨) 종이, 붓, 벼루, 먹의 네 가지를 함께 일컬음. 문방사우(文房四友)

지행일치(知行一致) 아는 것과 행함이 같아야 함. 지행합일(知行合一)

지호지간(指呼之間) 손짓해 부를 만한 가까운 거리. 지척지간(咫尺之間)

진수성찬(珍羞盛饌) 맛이 좋은 음식으로 많이 잘 차린 것을 뜻함.

진퇴양난(進退兩難) 나아갈 수도 물러설 수도 없는 궁지에 몰린 경우.

차일피일(此日彼日) 일을 핑계하고 자꾸 기일을 늦춤.

창졸지간(倉卒之間) 미처 어찌할 수도 없는 사이.

창해일속(滄海一粟) 넓은 바다에 떠 있는 한 알의 좁쌀, 아주 큰 물건 속의 아주 작은 물건. 구우일모(九牛一毛)

천고마비(天高馬肥) 하늘이 높고 말이 살찐다는 뜻으로 가을철을 일컫는 말.

천려일득(千慮一得) 바보도 한 가지쯤은 좋은 생각이 있다는 뜻.

천려일실(千慮一失) 지혜로운 사람도 미처 생각하지 못하는 것이 있음.

천생배필(天生配匹) 하늘이 맺어준 배필.

천신만고(千辛萬苦) 온갖 고생, 무진 애를 씀.

천우신조(天佑神助) 하늘이 돕고 신이 도움.

천인공노(天人共怒) 하늘과 땅이 함께 분노한다. 도저히 용서 못함을 비유.

천재일우(千載一遇) 천년에 한 번 만나는 아주 드문 좋은 기회. 천세일시(千歲一時)

천재지변(天災地變) 하늘이나 땅에서 일어나는 재난이나 변사.

천정부지(天井不知) 물가가 자꾸 오름을 이르는 말.

천지신명(天地神明) 조화를 맡은 신령.

천진난만(天眞爛漫) 조금도 꾸밈없이 아주 순진하고 참됨.

천편일률(千篇一律) 변함 없이 모든 사물이 똑같음.

천하태평(天下泰平) 온 세상이 태평하여 세상 근심 모르고 편안함.

철두철미(徹頭徹尾) 머리에서 꼬리까지 투철함, 즉 처음부터 끝까지 투철함.

철천지원(徹天之寃) 하늘에서 사무치도록 크나큰 원한.

청산유수(青山流水) 청산에 흐르는 물, 거침없이 잘하는 말에 비유.

청운지지(青雲之志) 뜻이 고결함. 보통이 아닌 큰 뜻, 입신 출세에 대한 야망이나 출세하고자 하는 뜻.

청천벽력(青天霹靂) 맑게 갠 하늘에서 치는 벼락, 곧 뜻밖에 생긴 변을 일컫는 말.

청출어람(青出於藍) 쪽 풀에서 뽑아낸 푸른 물감이 쪽빛보다 더 푸르다는 뜻으로 제자가 스승보다 낫다는 말.

초동급부(樵童汲婦) 나무하는 아이와 물긷는 아낙네. 보통사람

초록동색(草綠同色) 서로 같은 처지나 같은 부류의 사람들끼리 함께 함을 이름.

촌철살인(寸鐵殺人) 간단한 말로 사물의 가장 요긴한 데를 찔러 듣는 사람을 감동시킴.

추풍낙엽(秋風落葉) 시들어 떨어지거나 헤어져 흩어짐의 비유.

출이반이(出爾反爾) 자신에게서 나온 것은 자신에게 돌아감. 인과응보(因果應報)

취사선택(取捨選擇) 취하고 버려 선택함.

측은지심(惻隱之心) 불쌍히 여기는 마음.

치산치수(治山治水) 산과 물을 잘 다스려서 그 피해를 막음.

칠전팔기(七顚八起) 일곱 번 넘어졌다가 여덟 번째 일어남, 여러 번 실패해도 굽히지 않고 분투함을 일컫는 말.

칠종칠금(七縱七擒) 제갈공명의 전술로 일곱 번 놓아주고 일곱 번 잡는다는 말로 자유자재로운 전술.

침소봉대(針小棒大) 바늘을 몽둥이라고 말하듯 과장해서 말하는 것.

쾌도난마(快刀亂馬) 어지럽게 뒤엉킨 일을 명쾌하게 정리함.

타산지석(他山之石) 다른 산에서 난 나쁜 돌도 자기의 구슬을 가는 데에 소용이 된다. 다른 사람의 하찮은 언행일지라도 자기의 지덕을 연마하는 데에 도움이 된다는 말.

탁상공론(卓上空論) 실현성이 없는 허황된 이론.

탐관오리(貪官汚吏)	탐욕이 많고 마음이 깨끗하지 못한 관리.
태산북두(泰山北斗)	태산과 북두칠성을 여러 사람이 우러러보듯이 남에게 존경받는 뛰어난 존재.
태연자약(泰然自若)	침착하여 조금도 마음이 동요되지 아니하는 모양.
태평연월(太平烟月)	세상이 평화롭고 안락한 때.
토사구팽(兎死狗烹)	토끼가 죽으면 사냥개를 삶는다는 말로, 일이 있을 때는 실컷 부려먹다가 일이 끝나면 돌보지 않고 학대한다는 뜻.
파란만장(波瀾萬丈)	일의 진행에 변화가 심함.
파죽지세(破竹之勢)	대쪽을 쪼개는 듯한 거침없는 형세.
팔방미인(八方美人)	어느 모로 보아도 아름다운 미인, 여러 방면의 일에 능통한 사람을 가리킴.
패가망신(敗家亡身)	가산을 다 써서 없애고 몸을 망침.
평지풍파(平地風波)	뜻밖에 일어나는 분쟁.
포복절도(抱腹絶倒)	배를 안고 몸을 가누지 못할 정도로 몹시 웃음.
포식난의(飽食暖衣)	배불리 먹고 따뜻하게 입음.
풍비박산(風飛雹散)	사방으로 날려서 흩어지다.
풍전등화(風前燈火)	바람 앞에 켠 등불. 매우 위급한 경우에 놓여 있음을 일컫는 말.
풍찬노숙(風餐露宿)	바람과 이슬을 맞으며 한데서 먹고 잠. 큰일을 이루려는 사람이 고초를 겪는 모양.
피해망상(被害妄想)	남이 자기에게 해를 입힌다고 생각하는 일.
학수고대(鶴首苦待)	학의 목처럼 목을 길게 늘여 몹시 기다린다는 뜻.
함흥차사(咸興差使)	심부름을 시킨 뒤 아무 소식이 없거나 회답이 더디 올 때 쓰는 말.
합장배례(合掌拜禮)	두 손바닥을 마주 대고 절함.
허례허식(虛禮虛飾)	예절, 법식 등을 겉으로만 꾸며 번드레하게 하는 일.
허무맹랑(虛無孟浪)	터무니없이 허황되고 실상이 없음.
허심탄회(虛心坦懷)	마음속에 아무런 사념 없이 품은 생각을 터놓고 말함.

허장성세(虛張聲勢) 헛소문과 헛 형세만 떠벌임.

현모양처(賢母良妻) 어진 어머니이면서 또한 착한 아내.

혈혈단신(孑孑單身) 아무도 의지할 곳이 없는 홀몸.

형설지공(螢雪之功) 중국 진나라의 차윤이 반딧불로 글을 읽고 손강은 눈[雪]의 빛으로 글을 읽었다는 고사에서 온 말로 고생해서 공부한 공이 드러남을 비유. 형창설안(螢窓雪案)

호가호위(狐假虎威) 여우가 범의 위세를 빌려 호기를 부린다는 뜻으로, 남의 세력을 빌어 위세를 부림.

호구지책(糊口之策) 그저 먹고 살아가는 방책.

호사다마(好事多魔) 좋은 일에는 방해가 되는 일이 많다는 뜻.

호사유피(虎死留皮) 범이 죽으면 가죽을 남긴다는 뜻으로, 사람도 죽은 뒤 이름을 남겨야 한다는 말.

호시탐탐(虎視眈眈) 날카로운 눈으로 가만히 기회를 노려보고 있는 모양.

호언장담(豪言壯談) 실지 이상으로 보태어 허풍스럽게 하는 말.

호연지기(浩然之氣) 공명정대하게 부끄러움이 없는 도덕적 용기.

호형호제(呼兄呼弟) 서로 형, 아우라 부를 정도로 가까운 친구 사이.

혼비백산(魂飛魄散) 혼이 날아서 흩어졌다 함은 매우 크게 놀랐다는 뜻.

혼연일치(渾然一致) 차별 없이 서로 합치함.

혼정신성(昏定晨省) 자식이 부모님께 아침저녁으로 잠자리를 보살펴 드리는 것.

홍익인간(弘益人間) 널리 인간 세계를 이롭게 한다는 뜻.

화룡점정(畫龍點睛) 용을 그려 놓고 마지막으로 눈을 그려 넣음, 즉 가장 긴요한 부분을 완성함.

화이부동(和而不同) 남과 사이좋게 지내나 정의를 굽혀서까지 무턱대고 한데 어울리지는 않음.

확고부동(確固不動) 확실하고 튼튼하여 마음이 움직이지 않음.

환골탈태(換骨奪胎) ① 얼굴이 이전보다 더 아름다워짐.

②남의 문장을 본떴으나 형식을 바꿈.

환과고독(鰥寡孤獨) 홀아비, 홀어미, 어리고 어버이 없는 아이, 늙고 자식 없는 사람. 외롭고 의지할 곳 없는 처지의 사람. 사궁(四窮)의 하나.

환호작약(歡呼雀躍) 기뻐서 소리치며 날뜀.

황공무지(惶恐無地) 매우 죄송하여 몸둘 바를 모르다.

황당무계(荒唐無稽) 말이나 행동이 허황되어 믿을 수가 없음.

회자인구(膾炙人口) 널리 사람들에게 알려져 입에 오르내리고 찬양을 받음.

회자정리(會者定離) 만나면 반드시 헤어지게 마련임. 생자필멸(生者必滅) ↔ 거자필반(去者必返)

횡설수설(橫說竪說) 조리가 없는 말을 함부로 지껄임.

후안무치(厚顔無恥) 낯가죽이 두꺼워 부끄러운 줄을 모름. 몰염치(沒廉恥), 파렴치(破廉恥)

후회막급(後悔莫及) 일이 잘못된 뒤라 아무리 뉘우쳐도 어찌할 수 없음.

흥망성쇠(興亡盛衰) 흥하고 망함과 번성함과 쇠약함.

희노애락(喜怒哀樂) 기쁨과 노여움과 슬픔과 즐거움, 곧 사람의 온갖 감정.

희색만면(喜色滿面) 기쁜 빛이 얼굴에 가득함.

희희낙락(喜喜樂樂) 매우 기쁘고 즐거워함.

우리나라의 성씨

ㄱ	가(賈), 간(簡), 갈(葛), 감(甘), 강(姜, 康, 强, 剛, 疆), 개(介), 견(堅, 甄), 경(慶, 景, 京), 계(桂), 고(高), 곡(曲), 공(孔, 公), 곽(郭), 교(橋), 구(丘, 具, 邱), 국(國, 菊, 鞠), 군(君), 궁(弓), 권(權), 근(斤), 금(琴), 기(奇, 箕), 길(吉), 김(金)
ㄴ	나(羅), 난(欒), 남(南), 낭(浪), 내(乃, 奈), 노(盧, 魯, 路), 뇌(雷, 賴), 누(樓)
ㄷ	단(段, 單, 端), 담(譚), 당(唐), 대(大), 도(道, 都, 陶), 돈(敦, 頓), 동(董), 두(杜, 頭)
ㅁ	마(馬, 麻), 만(萬), 매(梅), 맹(孟), 명(明), 모(牟, 毛), 목(睦), 묘(苗), 묵(墨), 문(文), 미(米), 민(閔)
ㅂ	박(朴), 반(潘, 班), 방(房, 方, 邦, 龐), 배(裵), 백(白), 범(范, 凡), 변(卞, 邊), 복(卜), 봉(奉, 鳳), 부(夫, 傅), 비(丕), 빈(彬, 賓), 빙(氷)
ㅅ	사(史, 謝, 舍), 삼(森, 杉), 상(尙), 서(徐, 西), 석(昔, 石), 선(宣), 설(卨, 薛), 섭(葉), 성(成, 星), 소(蘇, 邵, 肖), 손(孫), 송(宋, 松), 수(水, 洙), 순(淳, 荀, 舜, 順), 승(承, 昇), 시(施, 柴), 신(愼, 申, 辛), 심(沈)
ㅇ	아(阿), 안(安), 애(艾), 야(夜), 양(梁, 楊, 襄, 樣), 어(魚), 엄(嚴), 여(呂, 余, 汝), 연(延, 燕, 連), 염(廉), 엽(葉), 영(影, 榮, 永), 예(芮, 乂), 오(吳), 옥(玉), 온(溫), 옹(邕, 雍), 왕(王), 요(姚), 용(龍), 우(于, 禹, 宇), 운(雲, 芸), 원(元, 袁, 苑), 위(韋, 魏), 유(柳, 俞, 劉, 庾), 육(陸), 윤(尹), 은(殷), 음(陰), 이(李, 異, 伊), 인(印), 임(任, 林)

190

우리나라의 성씨

ㅈ 자(慈), 장(張, 章, 莊, 蔣), 저(邸), 전(全, 田, 錢, 傳), 점(占), 정(鄭, 丁, 程), 제(諸, 齊), 조(趙, 曺), 종(宗, 鍾), 좌(左), 주(周, 朱), 준(俊), 즙(汁), 증(曾, 增), 지(智, 池), 진(晋, 眞, 秦, 陳)

ㅊ 차(車), 창(昌, 倉), 채(蔡, 菜, 采), 천(千, 天), 초(楚, 肖, 初), 최(崔), 추(秋, 鄒), 춘(椿)

ㅌ 탁(卓), 탄(彈), 태(太)

ㅍ 판(判), 팽(彭), 편(扁, 片), 평(平), 포(包), 표(表), 풍(馮), 피(皮), 필(弼)

ㅎ 하(河, 夏), 한(漢, 韓), 함(咸), 해(海), 허(許), 현(玄), 형(邢), 호(扈. 胡, 鎬), 홍(洪), 화(化), 환(桓), 황(黃), 후(候, 後, 后), 흥(興)

두 강전(岡田), 남궁(南宮), 독고(獨孤), 동방(東方), 망절(綱切), 사공(司空), 서문(西門), 선우(鮮于), 소봉(小峰), 어금(魚金), 장곡(長谷), 제갈(諸葛), 황보(皇甫)